Ute-Marion Wilkesmann

einfach gut leben

Immer öfter vegetarisch

Dort-Hagenhausen-Verlag

Inhalt

Einleitung

Meine Vorliebe fürs Kochen und Experimentieren in der Küche habe ich meinen Großeltern zu verdanken, die mir zum neunten Geburtstag einen kleinen elektrischen Herd schenkten, der später übrigens noch einige weitere Kinder glücklich gemacht hat. Er ist vielleicht 30 Zentimeter hoch, hat drei kleine Herdplatten und einen richtigen kleinen Backofen! Dazu bekam ich passende Töpfe und Backformen. Wenn ich kochen wollte, wurde der Herd in der Küche an die Steckdose angeschlossen und ich durfte alleine damit arbeiten. Offenbar waren die Temperaturen nicht zu gefährlich. Meine Eltern schenkten mir noch ein Kochbuch dazu, der Umschlag war blau-weiß kariert, darauf abgebildet ein kleines Mädchen mit einem Kochlöffel in der Hand. Das Innere des Buchs war bald mit klebrigen Haferflocken und farbigen Tropfen bedeckt.

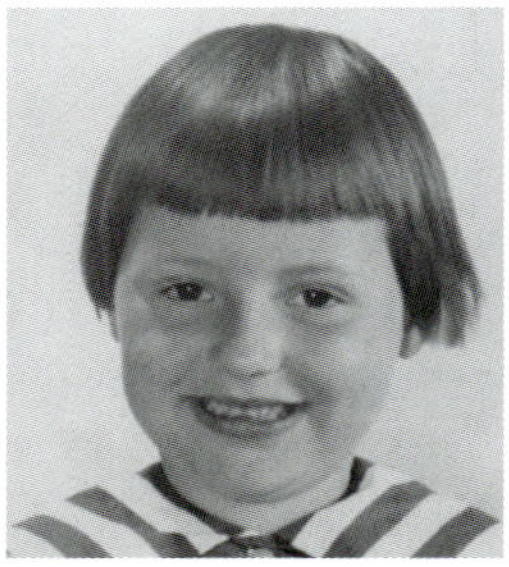

Mein erstes Werk, das ich auf diesem kleinen Herd zubereitete, war eine Tomatensuppe aus Tomatenmark, Wasser, Zucker, Salz und kleinen Nudeln. Welch ein Genuss, die ganze Familie staunte und bewunderte meine Werke entsprechend. Ich weiß nicht, ob die Sachen damals wirklich jemandem außer mir geschmeckt haben oder ob die anderen mich nur nicht entmutigen wollten. Auch an einen kleinen Schokoladenringkuchen erinnere ich mich noch gut. Nur besonders gute Freundinnen durften mit mir kochen!

… Persönliches **und mehr**

Nach der Kinderzeit habe ich das Kochen erst einmal völlig aus den Augen verloren. Als ich 16 Jahre alt war, kam meine Mutter wegen einer Operation ins Krankenhaus, sie fiel zu Hause sechs Wochen aus. Wer sollte für die restliche Familie – meinen Vater, meinen jüngeren Bruder und mich – sorgen? Mein Vater war bekannt für seine Kochkünste. Ein einziges Mal, das hörten wir immer wieder, hatte er gekocht: 3 Pfund trockene Nudeln mit 500 g Wasser. Ich packte den Küchenstier bei den Hörnern, schnappte mir Dr. Oetkers großes Kochbuch und suchte mir Gerichte aus.

Diesmal war die Familie sicher nicht nur höflich, alle waren begeistert. Ich hielt mich streng an das Kochbuch. Im Laden nebenan wurde noch jahrelang gefeixt, weil ich an der Fleischtheke exakt „75 g mageren Speck" verlangt hatte. Von der ersten Eintopfsuppe hat mein Vater dann im Krankenhaus wohl sehr geschwärmt. Vom ersten Rehrücken mit Schokoguss gab ich ihm für meine Mutter schon ein Probestück mit. Ich danke heute noch diesem Kochbuch, mit dem es wirklich möglich war, das Kochen aus dem Nichts zu erlernen.

Als ich von zu Hause auszog, galt meine Vorliebe jedoch dem Backen. Mein Motto lautete: An einem Kuchen backe ich zwei Stunden und esse drei Wochen. An einer warmen Mahlzeit koche ich eine Stunde und verputze sie in zehn Minuten. Ich backte dennoch immer viel mehr, als ich selbst essen konnte, und fuhr häufig mit einer ganzen Teigplatte heim. Auch Freunde, die zu Besuch kamen, wurden immer mit einer Frage konfrontiert wie: „Ej, ich habe da gerade eine ganz tolle Erdbeertorte, magst du mal probieren?"

Eine weitere Kochphase erwischte mich, als ich bei meiner schwangeren älteren Schwester zu Besuch war. Sie musste plötzlich ins Krankenhaus. Zu versorgen waren ihr Mann, ihre Tochter, ihr Schwiegervater und zwei Freunde von mir. Auch das habe ich mit viel Spaß einige Wochen durchgezogen. Danach war es mit der Kochfreude lange vorbei. Es gab Phasen, in denen ich mehr kochte, dann gab es wieder nur Fertiggerichte.

Meine Begeisterung für Technik brachte mich recht früh auf die Idee, meine Kuchenrezepte ins Internet zu stellen, 1998 fing ich damit an. Auf dieser Internetseite, die chronologisch aufgebaut ist, kann jeder

meine Essensentwicklung gut nachvollziehen, zum Beispiel wie ich anfing, mit dem Brotbackautomaten und Fertigmischungen Brote zu backen (http://www.vollwertkochbuch.de).

Salate – das ist es, was sich der Normalbürger unter roher Kost vorstellt. Wobei das bitte nicht so überheblich verstanden wird.

Meine Experimentierlust war stets dabei, sei es, dass ich Fertigkartoffelpüree in einen Kuchen schüttete oder langweilige Kekse weiterverarbeitete. Dies kam mir zu Hilfe, als ich mich dann vor der Aufgabe sah, ein ganz neues Essensfeld abzudecken – die Vollwertkost.

Um diese vitalstoffreiche Ernährung richtig verstehen zu können, habe ich einige Jahre gebraucht. Das liegt einfach daran, dass ich über eine Krankheit zu dieser Ernährungsform gekommen bin. Nach mehreren heftigen Gallenkoliken und ständigen Gallenbeschwerden stieß ich auf Dr. Brukers Buch zu den Gallen- und Leberkrankheiten. Es machte mich hellhörig, allerdings fand ich dieses Rumgehampel mit den Körnchen zum Frühstück albern-alternativ. Ich begann dennoch meine Ernährung umzustellen, da ich nicht für den Rest meines Lebens nur noch Weißbrot, Milchreis und Pudding essen wollte – es gab Wochen, in denen ich nichts anderes mehr vertrug. Ein Versuch, so dachte ich mir, kann nicht schaden, ist ja ungefährlich.

Schon eine – aus heutiger Sicht – teilweise Umstellung brachte große Erfolge. Allein dadurch, dass ich konsequent den Zucker wegließ, konnte ich endlich wieder Salat essen. Ich liebe Salat! Dann las ich auch noch „Unsere Nahrung, unser Schicksal“ von Dr. Bruker, und da fand ich die „Körnchen“ plötzlich gar nicht mehr albern und belustigend, sondern ich kaufte mir umgehend eine Getreidemühle.

Von da an ging's bergauf. Nicht nur mit meiner Gesundheit, sondern auch mit meiner Essensqualität. Nur fiel mir das am Anfang häufig nicht auf. Ich war so damit beschäftigt, meine alten Essgewohnheiten auf neu umzustricken, dass ich gar nicht merkte, wie ich allmählich Langweile hinter mir ließ und Neuland betrat. Viele bleiben auf dem Weg des „ich mache das Alte in neu" einfach stecken, weil es ihnen reicht. Das ist schade. Denn der Eintritt in die natürliche Ernährung kann die Tür zu paradiesischen Essensfreuden öffnen. Ganz abgesehen davon, dass ich auch für eine schöne Mahlzeit nicht mehr als 30 Minuten in der Küche stehe.

Wer diese moderne und gleichzeitig so ursprüngliche Form der Speisenzubereitung wählt, gibt seinem Körper einiges zurück, was der schon verlernt hatte: Wieder richtig schmecken, sobald die Geschmacksknospen nicht mehr mit Zucker und Zusatzstoffen zugedröhnt werden. Wieder ein ganz normales Körpergefühl dafür entwickeln, was gut tut und was nicht. Viele erleben bei der Ernährungsumstellung nicht nur einen großen Zugewinn an Energie (da schwören alle auf das Frischkorngericht), sondern auch eine innere Gelassenheit.

Alte Gewohnheiten

Nach einigen Jahren des Herumprobierens habe ich ein anderes Stadium erreicht. Mir ist es nicht mehr wichtig, einen Marmorkuchen auf zucker- und auszugsmehllos umzustricken. Ich jage nicht mehr hinter dem idealen Nuss-Nougat-Aufstrich her. Ich wende mich ab von diesen Dingen, die mich wie Fesseln an die Vergangenheit ketten. Ich will keinen Ersatz, ich suche mir Alternativen. Ich lerne, mit Lebensmitteln etwas Neues zu schaffen, ihnen ihre Ursprünglichkeit zurückzugeben und mir dadurch Geschmackserlebnisse zu schaffen. Zwar haben einige Rezepte dennoch das Aussehen und den Namen von bekannten alten Dingen, das bleibt nicht aus. Ein Kuchen wird immer aussehen wie ein Kuchen. Aber die vollwertige Weise der Essenszubereitung bringt Erkenntnisse, die ohne sie nie möglich gewesen wären. Da nenne ich als ein Beispiel den Käse. Viele, die aus gesundheitlichen Gründen auf den Käse verzichten, basteln sich Kunstkäse aus Hefeflocken, Zitronensaft und Cashewnüssen und dicken das dann mit Agar-Agar. Ich habe mir einmal ein solches Gebilde geschaffen. Für drei Sekunden habe ich mir eingeredet, dass dies lecker schmeckt. Bis ich ehrlich war: Es war nur ein Ersatz. Dann lieber das Original! Ich esse ja freiwillig kein Tiereiweiß, gesundheitlich liegt kein konkreter Anlass vor. Ich habe auch immer sehr gerne Käse gegessen.

Durch die tiereiweißfreie Ausrichtung sah ich mich plötzlich mit der Frage konfrontiert: Was lege ich auf die Pizza? Verschiedene Soßen habe ich ausprobiert, bis ich schließlich auf die Nussremoulade stieß. Das Rezept ist einfach toll. Nachdem ich ein halbes Jahr in den Nusssoßen für alle möglichen Dinge geschwelgt hatte, kam plötzlich wieder der Gedanke an echten Käse auf. Oh, ja, ein Mozzarella auf der Pizza, das ist sicher das Höchste! Ich kaufte mir einen Mozzarella, bereitete mir eine leckere Pizza vor. Ich zog die Pizza aus dem Ofen, sie sah auch wirklich schön aus. Dann begann ich zu essen.

Ich war maßlos enttäuscht. Meine diversen Nusssoßen schmecken mir viel besser! Der Käse ist ledrig und fad, die Nussbeläge sind weich, golden und voller Aroma. Da habe ich auch eines gelernt: Häufig ist es nur unsere Erinnerung, die uns einen schönen Geschmack vorgaukelt. Wir glauben nach zwei Jahren ohne Schokolade von der lila Kuh, dass das ein tolles Geschmackserlebnis war? Ich kann nur raten – aber wirklich nach langer Zeit „ohne“: Einfach mal ausprobieren. Die Erinnerung hat den Geschmack verschönt, in Wirklichkeit schmeckt die Schokolade nur zucker-süß, hat kaum Aroma und lässt unsere Zunge leer zurück. Eine selbstgemachte Rohkostschokolade ist cremig, entfaltet diverse Aromen, lässt den Schokoladengeschmack von der ersten bis zur letzten Sekunde genießen.

Suppen sind eine herrliche Methode, kleine Reste schmackhaft weiterzuverarbeiten, egal ob kalt, warm, herzhaft oder süß.

Oder ein anderes Beispiel: Zitronat und Orangeat. Sie gehören in Königskuchen und vor allem auch in Stollen. Selbst als Bio-Ware gibt es kein Zitronat, das nicht in einer Zuckerart eingelegt ist. Also grübelte ich, was zu tun wäre. Ich lernte dann, dass ich einem Irrtum aufgesessen war: Zitronat ist gar kein Produkt der normalen Zitronenschale. Vielmehr wird es durch Kandieren der Schalen einer bestimmten Zitronenart (Zedratbaum) hergestellt. Der Zuckergehalt liegt dann bei 65 Prozent, hinzukommen Kochsalz und schweflige Säure als Konservierungsmittel. Was tun? Ich nahm eine normale Zitronenschale, schnitt sie in Stückchen und legte sie in Honig ein. Nach sechs Wochen hatte ich ein Produkt in der Hand, das viel geschmacksintensiver ist als das, was ich im Lebensmittelhandel bekomme. Es ist nicht nur fruchtiger, sondern auch saftiger. Und es hilft mir dabei, auch die Zitronen- und Orangenschalen nicht mehr nur als Abfall zu sehen. Was für ein ganz anderes Verhältnis habe ich doch nun zu einem Christstollen, als wenn ich diese grüngelben bzw. orangefarbenen Industriestücke einarbeite!

Naturnahe **Ernährung als Paradies**

Im Verlauf der ersten Welle der neuen Kost war ich verständlicherweise damit beschäftigt, alte und vertraute, beliebte und gewohnte Essensverhalten in etwas Gesünderes umzubauen. Inzwischen ist die moderne Vollwerternährung mit ihren vielen Vorteilen für die Gesundheit für mich so selbstverständlich geworden, dass mehr und mehr das Essensabenteuer als positives Erlebnis eine Folge dieser Umstellung ist oder zumindest sein kann.

Die Frage des Verzichts

Nie werde ich das Gespräch mit Freunden während eines Spaziergangs in Köln vergessen, ich sehe den Tag noch wie heute vor meinen Augen. Wir gingen gemeinsam um einen Weiher spazieren und betrachteten die kleinen Enten. Sie fragten mich nach meinem Essen, was ich „darf" und was ich „nicht darf". Sie sehen natürlich nur all das, was ich *nicht* esse. So kam dann unweigerlich der Ausruf: „Also, auf so viel könnte ich nicht verzichten!" Ich war damals in meiner inneren Entwicklung noch nicht so weit, um darauf schlagfertig zu antworten; ich war einfach nur geplättet. Was sollte ich dazu sagen, ich, die ich nie den Eindruck hatte oder habe, dass ich überhaupt auf irgendetwas verzichte? Das ist so, als wenn ich kurz vor dem Ertrinken gerettet werde, begierig nach Luft schnappe und neben mir jemand sagt: „Also auf so viel Wasser könnte ich nicht verzichten!"

Eine weise Freundin erklärte mir einmal sehr schön, wie sie diesen Spruch – den gerade Vegetarier irgendwann alle einmal hören – kontert: Der „Normalesser" hat eine gewisse Anzahl von Gerichten und Nahrungsmitteln zur Verfügung, von der er sich bedient, das ist seine Essenspalette. Genauso haben auch die Vegetarier und Vollwertler ihre Essenspalette. Beide Paletten haben kleine Überschneidungen – aber sie überlappen sich nicht vollständig. Der Normalesser sieht jedoch nur das kleine Stückchen der Überlappung und das große Stück der Normalpalette, das der Vollwertler nicht anrührt, und denkt an Verzicht. Der Vollwertler wiederum ist überrascht, denn er weiß, dass hinter diesem kleinen Stückchen Überlappung ein riesiger Garten mit herrlichen Essensangeboten liegt, kann also mit dem Vorwurf des Verzichts nicht so recht etwas anfangen. Da man diese Verhältnisse oft selbst nicht so klar sieht, kann man sie dann auch nicht so gut formulieren, und verstummt – erstaunt.

Seit ich mich intensiv mit der naturnahen Ernährung beschäftige, entdecke ich quasi jeden Tag etwas Neues. Das war früher anders, denn eigentlich ist die Welt mit ihren vielen Fertig- oder Halbfertignahrungsmitteln eine große Einengung, die den Spaß des Experimentierens nimmt.

Neues kommt hinzu

Wer sein Essen radikal ändert, sollte auch mal schauen, ob er nicht ein wenig neues Geschirr kauft.

Befreien wir uns doch von diesen Fesseln und lassen uns überraschen, was die moderne naturnahe Ernährung alles zu bieten hat. Das ist so verrückt, auf das Auto übertragen könnte ich sagen: Vollwerternährung ist wie ein Auto mit ungeahnten PS-Zahlen, das dabei gleichzeitig nachhaltig die Umwelt schont. Bei der Überlegung zu diesem Buch war mir besonders wichtig aufzuzeigen, dass Sie mit meinen Rezepten eine neue Welt betreten. Ich möchte, dass Sie mit Erstaunen durch ein Ess-Paradies gehen und sagen: „Oh, wie lecker das sein muss – das mache ich jetzt auch!“

Wobei ich immer großen Wert darauf lege, dass meine Rezepte einfach nachzukochen sind. Mit „einfach“ meine ich: ohne große Umstände und auch in einer zumutbaren Zeit. Da jeder in der Küche eine unterschiedliche Geschicklichkeit und Geschwindigkeit entwickelt, gebe ich keine Zeiten an. Es sei allgemein gesagt: Eine Mahlzeit ist von der Arbeitszeit her – Ruhezeiten ausgenommen – in der Regel in maximal 30 Minuten fertig. Mehr Zeit mag ich dafür nicht aufwenden.
Wenn Sie eine neue Welt betreten, so ist nicht nur wichtig, dass diese Welt Sie durch Schönheit und Schmackhaftigkeit einlädt, sondern auch beweist, dass sie etwas Neues ist. Daher ist dieses Buch anders aufgebaut, als das herkömmlich bei Kochbüchern der Fall ist. Sie kennen das schon: Frühstück, Vorspeisen, Suppen, Hauptspeisen, Nachspeisen usw. Das missfällt mir, denn es bedeutet eine Einschränkung. Wenn ich nun die Nachspeise zur Hauptspeise machen möchte? Oder gar keine Vorspeisen mag, aber einen kleinen Imbiss? Damit Sie die neue Ernährung auch haptisch erfahren können, d.h. durch aktives Erfühlen von

Größe, Konturen, Oberflächentextur, Gewicht usw. eines Objekts durch Integration aller Hautsinne und der Tiefensensibilität, habe ich Kapitel ausgewählt, die jeweils ein Thema haben und eine Genuss-Welt bzw. Landschaft für sich vertreten. Zum Beispiel heißt ein Kapitel „Getreide". Hier finden Sie Hauptgerichte wie Pizza, aber auch süße Waffeln oder einen Schokoladenpudding. Ich biete Ihnen ein neues Navigationssystem an, mit dem Sie zielsicher eine Landschaft nach der anderen befahren können und sich erst mit einem Teil vertraut machen können, statt plötzlich von allen Seiten mit Neuem bestürmt zu werden.

Wenn Sie dennoch lieber auch einmal gezielt nach einer Suppe oder einem Kuchen suchen, können Sie das anhand eines zusätzlichen, inhaltlich gegliederten Verzeichnisses am Ende des Buches tun.

Naturnahe Ernährung verbinden viele mit ländlicher Romantik (wie z. B. auf dem Bild rechts). Das hat sich heute geändert: Der Städter kann dank eines Netzes von Bio-Läden und Marktbeschickern, ja sogar dank des Internets, sehr wohl naturnah essen und gleichzeitig die Vorzüge z. B. der Technik genießen.

Vorurteile überwinden

Warum ist die naturnahe Vollwert-Ernährung denn in Verruf geraten? Viel dazu beigetragen haben fanatische Vertreter, die nicht erkennen wollen, dass ihre eigene Erkenntnis nur ihre eigene sein kann und missionarisches Vorgehen mit erleuchteten Augen keine Freunde bringt. Ich möchte dies am Beispiel der sogenannten „Süßeschwelle" einmal darlegen. Ein verbreitetes Bild von natürlicher Ernährung sind staubtrockene und geschmacklose Kuchen. Von den Vertretern dieser Pappkarton-Kuchen wird als Rechtfertigung gerne die herabgesetzte Süßempfindlichkeitsschwelle nach längerer Ernährung ohne Industrieprodukte herangezogen. Ich lese immer wieder mit Erstaunen, wie manch einer schon nach drei Wochen zuckerloser Ernährung verkündet, dass er nun alles nur noch halb so stark süßen müsse. Das kann ich aus eigener Erfahrung nicht nachvollziehen.

Da gibt es die berühmte Frage an Dr. Bruker: „Womit können wir süßen?", und seine Antwort: „Was wollen Sie überhaupt süßen?". Es hat Jahre gedauert, bis ich diese Antwort in Form einer Gegenfrage wirklich verstanden hatte. Angefangen hat es, als ich testweise zwei Wochen alle Süßungsmittel, also auch Honig und Trockenfrüchte, wegließ: Drinks ohne Honig schmeckten mir. Zwei Jahre später habe ich dies über einen längeren Zeitraum wiederholt. Dabei stellte ich Erstaunliches fest: Ich vermisste das Süße überhaupt nicht. Und außerdem schmeckten mir Dinge ungesüßt, die ich vorher so nicht hätte essen oder trinken mögen, wie z. B. ein Kakao – allerdings aus Kakao-Nibs, nicht aus Pulver. Wollte ich den Kakao aber „süß", musste ich genauso viel Honig nehmen wie vorher.

Häufig höre ich: Aber der Mensch mag von Kindheit an das Süße, das ist ein ganz natürlicher Zug! Ja, das ist richtig – aber nicht zur konzentrierten künstlichen Süße, wie sie uns heute ständig begegnet. Selbst das Obst ist mittlerweile in die süße Richtung überzüchtet.
Kuchen muss für mich genauso süß sein wie vorher – wenn ich ihn esse. Ich habe nur insgesamt selten Appetit darauf. Und da schließt sich der Kreis zu Dr. Brukers weiser Frage: „Was wollen Sie überhaupt süßen?" Der Süßgeschmack der Natur reicht meist, Kuchen und Ähnliches mache ich eher für andere. Was nicht heißt, dass ich nicht auch einmal ein schönes Stück selbstgemachte Schokolade genießen kann. Aber genau das ist es dann – etwas Besonderes. Selbst meine schonungslosen Testesser haben bisher noch nicht einmal bemängelt, dass ein Kuchen oder ein Nachspeise nicht süß genug gewesen sei.
Dies ist meine Entwicklung, die einige Jahre beansprucht hat und die ich natürlich keinem vorschreiben möchte. Gerade für den Anfänger ist ein Repertoire an gesunden Süßigkeiten wichtig. Auch gilt es immer wieder einmal, Gäste und liebe Freunde mit Süßem zum Staunen zu bringen.

Stellung von Fleisch und Tierprodukten

Wer sich mit der Natur und ihrem Erhalt beschäftigt, landet automatisch bei der Frage: Wie viel Tier und wie viel vom Tier will ich noch essen? Die Gruppe derer, die sich aus den verschiedensten Gründen von allen Tierprodukten in der Ernährung abwenden, wächst. Dafür gibt es gesundheitliche Gründe wie Allergien und Rheuma. Ich kenne MS-Kranke, die schon seit Jahren dank der Ernährungsumstellung fast schubfrei ein nahezu normales Leben führen. Weitere Argumente sind Tierhaltung, die Ernährungsproblematik bei ständig wachsender Weltbevölkerung und die Nachhaltigkeit, d.h. die Erhaltung der Natur, die durch Raubbau zwecks Futteranbau gefährdet ist. Aus welchen Gründen auch immer Sie sich gegen Fleisch und vielleicht auch gegen Tierprodukte ganz allgemein wenden: Sie gehören zu einer wachsenden Gruppe verantwortungsvoller Menschen, die – während sie Köstlichkeiten genießen – gleichzeitig noch etwas für ihre Gesundheit tun, wie in zahlreichen Untersuchungen immer wieder gezeigt wird.
Ich selbst vertrete die tiereiweißarme Ernährung, d.h. ich esse keine Tier- oder Milchprodukte außer Butter, Sahne, Crème fraîche (Bio) und Schmand. Bei diesen fetthaltigen Milchprodukten ist der Eiweißanteil

im Verhältnis zur verzehrten Gesamtmenge zu gering, um den Körper großartig zu beeinflussen. Ohne Käse – geht das? Diese Frage habe ich mir anfangs auch gestellt, denn die Entscheidung war bei mir nicht gesundheitlich bedingt. Die Antwort lautet: Es geht nicht nur – es geht besser.

Ein kleiner Happen Theorie

Gute Fette sind hochwertige Öle (wie z. B. aus Oliven), Sahne oder Butter, aber keine Margarine und andere Industriefette.

Ganz kurz seien hier die Brukerschen Grundregeln vorgestellt, nach denen ich mich ernähre. Die Rezepte in diesem Buch entsprechenden diesen Grundregeln mit der Erweiterung der oben erklärten tiereiweißarmen Variante. Es sind nur vier „Ja" und vier „Nein":

Nein zu

1. allen Fabrikzuckerarten
2. Auszugsmehl
3. Industriefetten
4. Säften und gekochtem Obst (gilt v. a. für Empfindliche)

Ja zu

1. Getreidefrühstück
2. Vollwertbrot
3. reichlich Frischem
4. guten Fetten

Der Rohkostanteil am Essen insgesamt sollte bei 50 bis 75 Prozent liegen, Dr. Bruker spricht von 30 Prozent für Gesunde. Rohkost ist vor dem warmen Essen zu verzehren. Sie ist leichter verdaulich als Gekochtes, und – so sagte Dr. Bruker – wir essen sie zuerst, denn wir lassen ja auch nicht den Bummelzug vor dem Eilzug fahren.

Ein weiterer Grundsatz der Vollwerternährung „Iss so natürlich, wie möglich!" geht auf Prof. Dr. Kollath zurück. Auch sein Buch „Die Ordnung unserer Nahrung" ist ein wichtiges Grundlagenwerk.
Wenn Sie sich näher für die Theorie der Vollwerternährung interessieren, finden Sie auf meiner Website (http://www.vollwertkochbuch.de) und in meinen Filmen auf YouTube (Kanal: http://www.youtube.com/umwrs) reichlich Material dazu.

Vegetarische Ernährung
in der Praxis

Bio-Ware – ja oder nein?

Für alle Menschen sollten Lebensmittel vorzugsweise Bio-Qualität haben. Damit tun wir nicht nur uns etwas Gutes, sondern auch der Natur. Sie wird dann schonender behandelt, selbst wenn wir den Unterschied nicht auf Anhieb schmecken. Besonders beeindruckend finde ich den Unterschied allerdings bei Kartoffeln – eine Bio-Kartoffel, leicht gedünstet oder als Pellkartoffel, ist ein Gericht für sich. Ich selbst kaufe etwa 80 Prozent meiner Lebensmittel in Bio-Qualität, wobei der Umkehrschluss keineswegs gilt: Nicht alle Bio-Nahrungsmittel sind empfehlenswert. Ein Bio-Kartoffelfertigpüree ist genauso industriell verarbeitet wie ein herkömmliches Fertigpüree. Ob ich einen Fertigpudding im Bio-Laden oder im Supermarkt kaufe, ist im Grunde für die Gesundheit völlig gleichgültig. Wenn Sie das Glück haben, einen zuverlässigen Bio-Bauern mit Hofverkauf zu kennen, kaufen Sie bei ihm ein. Ich kaufe auch einiges auf dem Markt, weil dort ein Gemüsebauer seine Produkte anbietet, von dem ich weiß, dass er schonend anbaut.

Wo bekomme ich die beste Qualität?

Beim Einkauf greife ich auf verschiedene Quellen zurück: Obst kaufe ich ausschließlich bei einem Gemüsegärtner auf dem Markt, der regionale Ware anbietet, da mir im Bio-Laden das Angebot nicht regional genug ist. Ich will keine Äpfel aus Chile, auch wenn sie angeblich Bio-Qualität haben. Von „meinem“ Gemüsegärtner weiß ich, dass er zwar konventionell anbaut, aber mit Vernunft und dem Blick auf „Nachhaltigkeit“. Ich denke, wer ein wenig auf den Märkten sucht, wird auch in seiner Stadt noch solche Bauern finden, wenn er keinen Bio-Bauern „zur Hand“ hat.

Gemüse kaufe ich gelegentlich auch in meinem Bio-Laden (Bio-Tüte/Bio-Kiste) und bei demselben Gemüsegärtner.
Ebenfalls im Bio-Laden kaufe ich Sahne, Butter, Bio-Hefe u. ä. Dinge. Einiges bestelle ich in Bio-Qualität über das Internet direkt beim Erzeuger (Honig, Öl, Getreide; s. Bezugsquellen S. 207).

Rohes Gemüse schmeckt nicht nur lecker, sondern ist auch eine Augenweide, wenn man es ein bisschen peppig arrangiert.

Saisonal und regional essen

Sollte ich Saisontabellen für Gemüse und Obst aufnehmen? Ich habe mich dagegen entschieden. Das Internet bietet diese Listen in reicher Zahl. Wenn Sie es mit dem Essen nach Jahreszeiten und aus der Region ernst meinen, werden Sie sich über kurz oder lang einen Anbieter aus der näheren Umgebung suchen. Bei meinem Gemüsegärtner auf dem Markt kann ich nur kaufen, was Saison hat – etwas anderes bietet er nicht an. Hat er dennoch im Winter Tomaten, so sagt er mir, wo sie herkommen. Dann kann ich die Entscheidung treffen, ob ich diese nun essen möchte oder nicht.

Ist Bio und naturnahes Essen teurer?

Das ist ein Gerücht, das immer wieder aufgewärmt wird. Es stimmt nicht. Ich kenne eine Studentin, die über weniger Geld als ein Hartz-IV-Empfänger verfügt und sich von leckeren Nüssen, gutem Getreide, frischem Obst und Gemüse ernährt. Arbeit kostet immer Geld – daher sind Fertigmahlzeiten immer teuer, denn zwischen den Grundstoffen und der Mikrowelle liegt Arbeit. Sie sparen schon erheblich dadurch, wenn Sie kein Fleisch und keinen Käse kaufen und einiges in der eigenen Küche herstellen. Im Folgenden habe ich noch ein paar Spartipps zusammengestellt.

Allgemeine Tipps zum Sparen

- Obst und Gemüse saisonal kaufen – Paprika im Winter ist nicht nur teuer, sondern auch durch lange Transportwege weniger gehaltvoll, dafür lieber im Winter die vitalstoffreichen Kohlsorten öfter genießen.
- Bratlinge nicht im Backofen aufwärmen, sondern sie auf einem Stück Alufolie auf den Brötchenaufsatz eines Toasters legen.
- Für die sparsame Verwendung von Zitronen habe ich zwei Methoden: Ich presse ein bis zwei Zitronen aus und bewahre den Saft in einem kleinen Schraubglas im Kühlschrank auf. Oder ich schäle die Zitrone, gebe sie in einer kleinen Plastikdose in den Kühlschrank und schneide nach Bedarf eine Scheibe ab. Das bietet sich vor allem an, wenn ich ein Dressing oder ähnliche Dinge sowieso in den Mixer geben will.
- Zeit spart, wer das Gemüse für den mittäglichen oder auch abendlichen Salat schon morgens vorbereitet und bis zur Mahlzeit in einer gut schließenden Plastikdose im Kühlschrank aufbewahrt. Die Standardsalatsoße, die auch in den Rezepten aufgeführt ist, können Sie für 14 Tage im Voraus herstellen.
- Wer keine Salatschleuder zum Trockenschleudern von Salat besitzt, legt über das Sieb mit dem Salat ein Küchenhandtuch, dreht um, packt das Tuch fest zusammen und „schlenkert“ es aus.
- Ein Backtag in der Woche spart Strom. Die Ofenwärme wird durchgängig genutzt, ohne dass der Ofen jedes Mal von Null aus hochheizen muss.
- Frischwaren nur ein- oder (bei Familien) zweimal pro Woche einkaufen. Das verringert die Verführung und sorgt dafür, dass auch Reste verbraucht werden.

◆ Sparen können Sie, wenn Sie größere Mengen kaufen. Das gilt auch für Sahne und Butter. Butter lässt sich beispielsweise gut einfrieren.

◆ Angebote vor dem Verfallsdatum nutzen oder auch in (Bio-)Supermärkten schon mal nach ausgesonderter Ware gucken. Gerade sehr reife Bananen – die ja besonders süß sind – bekommt man da sehr günstig. Sie eignen sich hervorragend als Zugabe in einem Müsli, zum Süßen von Kuchen, Plätzchen und Drinks oder tiefgekühlt für Eiszubereitungen. Älteres Gemüse eignet sich z. B. für Würzpasten, Pestos und Suppen.

◆ Nach dem Mixen von Dressings, Soßen usw. ein bis drei Esslöffel Wasser in den Mixbecher geben, diesen schließen und mit der Hand schütteln. Dadurch bekommt man auch die Reste aus dem Becher. Das gleiche gilt für Reste in Sahneflaschen.

◆ Auf dem Markt nach Dingen wie Kohlrabi- oder Selleriegrün fragen, das die Verkäufer meist vor dem Verkauf abdrehen und wegwerfen. Diese Gemüseteile sind voller Vitalstoffe und lecker — und für einen Spottpreis zu haben. Und wer sich nicht danach zu fragen traut, sollte wenigstens bei den eigenen Käufen darauf achten, dass das dazugehörige Grün noch dabei ist. Das gilt auch für Blumenkohl!

◆ Beim Brotschneiden, vor allem wenn der Laib nicht mehr ganz frisch ist, fallen Krümel an. Diese können Sie sammeln, trocknen, fein reiben und als Paniermehl verwenden oder erneut verbacken.

◆ Altes oder missratenes (z. B. klitschiges) Brot lässt sich neben den hier angegebenen Rezepten auch zum Dicken von Soßen verwenden.

◆ Keime und Sprossen sind nicht nur gesund und lecker — sie „vermehren" auch die Vorräte. Beispiel: Während ich normalerweise 50 g Getreide für das Frühstück nehme, brauche ich für 50 g Keime nur 30 g Getreide!

◆ Kaufgemeinschaften bilden: Gerade beim Onlinekauf ist das Porto häufig hoch. Wenn Sie aber gewisse Summen erreichen, fällt das Porto weg. Da helfen gemeinsame Bestellungen.

◆ Kleine Köstlichkeiten aus der eigenen Küche sind auch immer ein nettes und preiswertes Geschenk.

◆ Kleine Reste sinnvoll verwerten, statt sie einfach mal zwischendurch zu knabbern.

◆ Größere Mengen von Gemüse, die Sie vielleicht preiswert erwerben konnten, ein über den anderen Tag essen, damit man nicht den Eindruck bekommt „Oh je, ich kann keinen Rotkohl mehr sehen, den gibt es ja wohl jeden Tag!"

Wer einen eigenen Garten hat, kann mit alten Gemüsesorten experimentieren. Frische Kräuter aus dem eigenen Garten machen nicht allzu viel Arbeit und bringen Abwechslung auf den Teller.

Hinweise **zu den Rezepten**

Personenangaben

Alle Rezepte sind, wenn nicht anders angegeben, für eine Person konzipiert. Das bietet sich aus zwei Gründen an: Erstens ist es leichter zu multiplizieren (also zu rechnen 4 x 225 g) als zu dividieren (900 g : 4), oder gar noch von vier auf drei umzurechnen. Zweitens ist es häufig so, dass in einer Familie erst eine Person auf eine andere Ernährungsweise umsteigen möchte. Viele Gerichte, die ich selbst als Hauptspeise ohne weitere Beilage esse, lassen sich mit einer Beilage auch für zwei oder drei Personen servieren.

Mengenangaben

Mengen sind stets in Gramm (g) angegeben, auch bei Flüssigkeiten. Auf Anhieb mag das ungewohnt sein – zum Nacharbeiten von Rezepten hat es sich in der Praxis bewährt. Eine Leserin meiner Website schrieb mir zum Beispiel „Am Anfang fand ich das komisch, dass du alles abgewogen hast. Aber mittlerweile sehe ich, dass es dadurch einfacher wird – ich mache es jetzt auch bei eigenen Rezepten so." Woran liegt das? Eine Waage ist immer genauer als ein Messbecher. Haushalts-Messbecher sind keine geeichten Präzisionsinstrumente und in Eile kann es dann auch mal passieren, dass der Blick eher flüchtig ist und schwupps – ist zu viel im Becher. Bei einer Waage guckt man einfach genauer hin. Gerade bei Getreidegerichten in kleineren Mengen können 10 g darüber entscheiden, ob man schöne feste Spätzle oder eine wabbelige Masse erhält. Wer meint, er habe genug Küchenpraxis, um die Gramm-Angaben in den Rezepten dieses Buchs locker durch eigenes „Gefühl" zu ergänzen, wird das sowieso tun. Anfänger aber sind dankbar, wenn sie jeden Schritt zum sicheren Gelingen geführt werden.

„Brutto“ hinter Gewichtsangaben bedeutet: ungeputzt, ungeschält, mit Stein usw., „netto“ dementsprechend dann das reine Gewicht, das verarbeitet wurde.

Obst und Gemüse vorbereiten

Ich schäle nur, wenn unbedingt notwendig (z. B. alte Kohlrabi), nicht nur beim Apfel sitzt das Wertvollste unter der Schale und im Kerngehäuse. Obst und Gemüse wasche ich nur, wenn sichtbar Dreck daran hängt. Ich habe das Waschen schon vor etwa 30 Jahren aufgegeben, d. h. auch schon vor dem Umstieg auf meine jetzige Kost. Denn was will ich da wegwaschen? Pestizide und andere Mittel sind nicht so höflich, dass sie außen auf der Schale sitzen bleiben. Das echte Gift sitzt also sowieso tiefer. Übermäßige Hygiene macht im Übrigen anfälliger, das ist ja mittlerweile für die Allergieentwicklung bei Kindern gut bekannt. Während es für den Wert der Lebensmittel wichtig ist, möglichst wenig zu schälen, ist das Nichtwaschen eine rein persönliche Haltung von mir und keine Empfehlung oder Anleitung.

Kräuter können Sie auf der Fensterbank ziehen. Wer ganz faul ist, kauft einen Topf mit Kräutern und hegt und pflegt ihn auf der Fensterbank weiter.

Salz und Pfeffer

Als Salz nehme ich nur jodfreies Vollmeersalz, weil mich Hinweise auf die Schädlichkeit des jodierten Salzes überzeugt haben. Der Genuss frischer Lebensmittel genügt für eine ausreichende Zufuhr aller Vitalstoffe. Pfeffer ist bei mir immer schwarzer Pfeffer, weil ich den Geschmack bevorzuge. Achtung: Bei mir entspricht 1 TL Salz = 5 g.

Wildkräuter

Wildkräuter sind seit einigen Jahren im Kommen, denn sie enthalten viel mehr Vitalstoffe als unsere hochgezüchteten Kulturpflanzen. Bei vielen Rohköstlern sind sie zu Recht ein fester Bestandteil der Ernährung. Ich wollte vor wenigen Jahren noch nicht einmal eine Löwenzahnblüte essen, es ist so gegen alles, was ich einmal gelernt hatte. Dieses Buch enthält einige wenige Rezepte mit „gewohnten“ Wildkräutern, um zu zeigen, wie Sie diese Nährstoffbomben allmählich in die Ernährung einführen können. Es gibt Onlineshops, die saisonale Wildkräutermischungen versenden. Das finde ich prima, um mich an das Thema heranzuarbeiten. Bei den frischen Kräutern zur Dekoration und zum Würzen habe ich mich meist auf Schnittlauch und Petersilie beschränkt, damit das Nachkochen der Rezepte nicht an ausgefallenen Kräutern scheitert, die der Großstädter ohne eigenen Garten so schnell nicht bekommt. Wer selbst eigene Kräuter zieht oder eine größere Auswahl auf dem Markt kauft, weiß in der Regel auch, wie er sie einsetzen kann.

Keime und Sprossen

Gekeimte Kichererbsen und Linsen sind auch roh verträglich. Gekeimte Bohnen – außer Mungbohnen – dürfen genau wie rohe Bohnen nicht verzehrt werden, sie enthalten das giftige Phasin.

Carob, Macapulver und roher Agavennektar

Carob ist eine Alternative zu Kakao, allerdings ohne die „wach machende“ Wirkung, er ist auch nicht ganz so bitter. Im Rohkostfachhandel gibt es ihn gemahlen roh, außerdem können Sie Carobschoten kaufen, die am Baum getrocknet sind.
Macapulver schmeckt mir in manchen Getränken oder Süßspeisen ganz gut, vor allem zusammen mit Bananen. Da Pulver als Extrakt niemals ein ideales vollwertiges Lebensmittel ist, betrachte ich es als Gewürz. Wenn Sie es nicht bekommen oder kaufen möchten, können Sie es in den Rezepten ohne Geschmackseinbuße auch weglassen.
Der rohe Agavendicksaft/-nektar ist im Gegensatz zu Honig nicht 100 Prozent natürlich, da er ein chemisch mit Enzymen bearbeiteter Extrakt ist. Ich führe ihn in einigen Rezepten auf, um Veganern (die überhaupt keine Tierprodukte verzehren) eine Alternative anzubieten. Honig ist aus gesundheitlicher Sicht vorzuziehen, da er gerade roh (auf kalt geschleuderte Qualität achten!) viele wertvolle Inhaltsstoffe enthält.

Getreide

Es wird unterschieden zwischen echten und unechten Getreiden, außerdem zwischen kleberreichen und kleberarmen Getreiden. Mehr dazu finden Sie in der Austauschtabelle am Ende des Buchs. Wichtig für die naturnahe Ernährung ist, dass alle Getreide keimfähig sind. Im Zweifelsfall sollten Sie immer eine kleine Probe machen, 95 Prozent des Getreides sollten keimen. Bei Hafer sollten Sie Sprießkorn- oder Nackthafer kaufen, die keimfähig sind. Aber auch hier empfehlen sich erst einmal Tests, bevor Sie bei einem Anbieter regelmäßig kaufen. Dasselbe gilt auch für Gerste. Es gibt zum Glück noch genug regionale Getreide, sodass Sie Exoten wie Quinoa und Amaranth (im Übrigen nur Scheingetreide) für seltene Gelegenheiten verwahren können. Hirse gibt es nur noch ganz selten aus deutschem Anbau, und erst recht selten ist keimfähige Hirse.

Getreide ist ein ganz alter Wegbegleiter des Menschen. Schon Höhlenmalereien lassen erkennen, wie früh Menschen Getreide als Nahrungsmittel genutzt haben.

Speiseöle

Besonders wichtig ist ein hervorragendes kalt gepresstes Öl, ein großes Thema! Ich möchte nur kurz darauf hinweisen, dass die Bezeichnungen „kalt gepresst", „nativ" und so weiter keine echte Garantie sind. Ein wirklich gesundes Öl kann nicht billig sein! Wer also glaubt, sein Öl für eine wertvolle Ernährung beim Discounter kaufen zu können, irrt. Wer mehr zum Öl wissen möchten, dem empfehle ich den entsprechenden Film aus meiner Reihe „Einführung in die Vollwert", zu finden über meine Webseite http://www.vollwertkochbuch.de.

Verwendete **Geräte**

Bei Rezeptzusammenstellungen lautet die Regel: Keine Geräte beim Namen nennen! Was dann dazu führt, dass der arme Nachkocher häufig vor einem Rätsel steht: „Wieso verdoppelt sich mein Teig nicht in 30 Minuten?“ (Antwort: Weil er keinen Gärofen hat.) Wieso sieht mein Püree nicht so aus wie auf dem Foto, obwohl doch im Text „Pürierstab“ steht? (Antwort: Weil das Essen fürs Foto mit einem Hochleistungsmixer hergestellt wurde.). Ich habe mich größtenteils an diese Gepflogenheit gehalten, aber dennoch wenigstens die Gerätegattung erwähnt.

Kleine Mixer

Ganz wichtig finde ich diese kleinen preiswerten Mixer, die alle aus der Fernsehwerbung kennen. Sie können uns in der Übergangszeit für kleine Mengen sogar eine Getreidemühle ersparen!
Für diesen kleinen Mixer gilt: Immer darauf achten, dass entweder ganz trockene Zutaten (Getreide, Nüsse) oder Zutaten mit genug Flüssigkeit verarbeitet werden. Ich habe mir anfangs zwei Messer ruiniert, weil ich klebrige Trockenfrüchte ohne Flüssigkeit verarbeiten wollte.
Hier einige Tipps:

1. Manchmal sitzt der Becher auf Anhieb nicht richtig auf. Dann lieber herausnehmen, unten die Gummihalterung ein kleines Stückchen drehen und den Becher nochmals aufsetzen.
2. Vor dem Entfernen des Bechers aus dem Sockel ganz kurz warten, bis das Messer sich nicht mehr dreht.
3. Becher während des Mixens immer festhalten.
4. Messer, obwohl das laut Gebrauchsanweisung zulässig ist, nicht in die Spülmaschine geben. Die Messer werden zwar nicht stumpf, aber Gummihalterung und -dichtung auf Dauer porös.
5. Das flache Messer zum Mahlen trockener Zutaten, das hochstehende Messer für Obst, Gemüse, Dips usw. nutzen.

Getreidemühle und Flocker

Wenn Sie keine Getreidemühle besitzen, können Sie sich Getreide auch frisch im Bio-Laden oder Reformhaus zu Mehl oder Schrot mahlen lassen. Geschrotetes Getreide kann Flocken ersetzen.

Teure Küchengeräte

Zum Glück müssen wir heute nicht mehr wie unsere Großmutter Schwerstarbeit in der Küche leisten. Je nach Geldbeutel steht eine breite Palette an „Helfern“ zur Seite.

Es gibt einige Rezepte in diesem Buch, für die bestimmte Geräte nötig sind. Und bevor nun jemand die Stirn runzelt und fragt: „Ach, ich muss erst ein teures XXX kaufen, bevor ich das hier koche?“, dem sei gesagt: Aber nein! Wer naturnah essen möchte, benötigt außer einem Messer überhaupt kein Gerät und kauft sein Obst und Gemüse auf dem Markt, schneidet es in Stücke und verzehrt es. Ich kann aber nicht sagen „Ich will jetzt mit dem Nähen anfangen!“ und erwarten, dass ich alle Modelle auch ohne Nähmaschine nacharbeiten kann. Wobei ich darauf geachtet habe, auch viele Rezepte in dieses Buch aufzunehmen, in denen eben nur ganz einfache oder gar keine Geräte erforderlich sind. Wer keinen Hochleistungsmixer besitzt und sich keinen kaufen will, der kann auf meiner Homepage Speiseeis finden, das er mit einem einfachen Handrührgerät herstellen kann. Wer aber ein echtes cremiges Eis wie aus der Eisdiele nebenan möchte: Das geht nun einmal nicht ohne entsprechendes Gerät. Ich kann auch nicht ohne Flugzeug und mit nur einem Fünf-Euro-Schein in der Tasche in wenigen Stunden nach Mombasa reisen. Wenn das eine oder andere Rezept vielleicht nur mit einem teuren Gerät geht – es gibt genug andere Rezepte, die einfach herzustellen sind.

Elektroherd

Ich backe im Umluftbackofen. Immer wieder höre ich: „Ach, Brot und Kuchen im Umluftherd, die trocknen völlig aus!“ Ich weiß nicht, wer dieses Märchen erfunden hat. Ob Brot aus der Form, freigeschobenes Brot oder Kuchen, bei mir ist das Gebäck nie zu trocken – es sei denn, ich hatte zu wenig Wasser im Teig. Ich vermute, dass das Märchen der trockenen Gebäcke aus der Anfangszeit der Umluft- und Heißluftbacköfen stammt. Vielleicht war das damals so, heute weiß ich aus dem Freundeskreis, dass alle auch mit Umluft „saftig“ backen.

Meine **Garantie**

Die Ideen der Rezepte stammen sämtlich von mir, sonst gebe ich die Quelle an. Sicher hat mich die Lektüre von diversen Kochbüchern und Rezeptdatenbanken im Internet beeinflusst. Nach bestem Wissen und Gewissen habe ich aber niemals ein Gericht einfach kopiert – und schon gar nicht am Schreibtisch verfasst oder einfach abgeschrieben.

Wenn ich etwas koche, schreibe ich mir bei der Zubereitung die Zutaten mit den Mengen auf und notiere nach dem Essen auch, wie genau ich das gemacht habe, d.h. meine Rezepte sind Protokolle. Daher habe ich noch nie den Vorwurf gehört: Was du da schreibst, kann ich in meiner Küche nicht nachmachen!
Wer meine Webseite und meine Bücher kennt, sollte wissen: Die Fotos zu den Rezepten sind zwar nicht alle von mir (Genaueres finden Sie hinten im Bildnachweis), aber alle, bis auf wenige Ausnahmen, nach diesen Rezepten nachgekocht.

Auch wenn Sie sich nicht völlig der modernen naturnahen Ernährung verschreiben möchten, kann ich Ihnen garantieren: Hier findet jeder etwas, das seinen Speiseplan bereichern kann.

Guten Appetit!

Wünscht Ihnen

Ute-Marion Wilkesmann, Remscheid 2012

Brote & Brötchen

Brot ist ein ganz alter Wegbegleiter des Menschen. Wurden anfangs noch einfache Fladenbrote ohne Triebmittel gebacken, so soll die Entdeckung des Sauerteigs in die Zeit der alten Ägypter fallen. Es gibt Vermutungen, dass einfach jemand den Teig vergessen hat, aus Panik bei Zeitknappheit. Dann hat er mit dem gegorenen Teig weitergebacken und war ganz begeistert, wie lecker das schmeckt.

Deutschland ist das Land mit den meisten Brotsorten. Brot ist auch in der bäuerlichen Vergangenheit tief verwurzelt. Wer einmal die meditative Tätigkeit des Brotteigknetens als solche genossen hat, wird so schnell vom Brotbacken nicht wieder loskommen.

Leckere Brote aus dem eigenen Ofen vermitteln ein großes Gefühl der Zufriedenheit, schmecken besser als das beste Bäckerbrot und sind immer gerne gesehene Mitbringsel. Ich habe den Brotbackeinstieg über den Brotbackautomaten genommen. Es war ein kleiner, aber für mich wertvoller Umweg, da ich bis zu meinem Umschwung auf die Vollwertkost große Probleme mit Hefeteig hatte.

Tiefe Risse sind meist eine Folge von zu wenig Wasser oder zu kurzer Knetzeit. Schmecken tun diese Brote trotzdem, auch die Optik kann reizvoll sein und mit ein bisschen Übung schaffen auch Sie fast perfekte schöne Brote, wie sie im Folgenden abgebildet sind.

Brot aus **der eigenen Küche**

Viele Menschen, auch gewiefte Hobbybäcker, schrecken vor dem Brotbacken zurück. Das ist schade. Ich habe nämlich noch niemanden getroffen, der ein normales Bäcker- und erst recht kein Discounter-Brot einem leckeren selbstgemachten Laib vorzieht.

Da heißt es ganz einfach: Nicht bange machen lassen! Ich kann aus eigener Erfahrung von mir und anderen nur immer wieder betonen:
Es ist nicht schwer. Es gibt einfach ein paar Tricks, und wenn Sie die beherrschen, geht der Rest von selbst.

An erster Stelle steht ein verlässliches Rezept. Ein Brotbackrezept (oder auch andere Heferezepte) können Sie unter anderem mit folgenden Faustregeln überprüfen:

1. Wassergehalt: je nach Getreide und Getreidebeschaffenheit zwischen 315 und 350 g Wasser auf 500 g Getreide. Hier gibt es Ausnahmen, wie z. B. das Fünf-Minuten-Brot, das ist aber auch „anders“.
2. Eine ähnliche Faustregel gibt es auch für den Salzgehalt: 1 gestr. TL Salz pro 250 g Mehl.
3. Gehzeiten: Je weniger Hefe im Verhältnis zum Brot Sie nehmen, umso länger muss der Teig gehen. Bei 20 g Hefe auf 1000 g Getreide ist eine Gehzeit von 30 oder 45 Min. ohne die Hilfe eines Gärofens illusorisch. 40 g frische Hefe auf 500 g Mehl unter normalen Küchenbedingungen brauchen zwischen 30 und 45 Min., auf 1000 g Mehl dauert es schon mindestens 1 Std.

Noch eines zum manuellen Kneten: Am wenigsten Anstrengung kostet es, wenn Sie nach raschem Vermischen der Zutaten die Schüssel mit einer Hand halten und den anderen Arm mit geballter Faust gerade in die Teigschüssel strecken. Während Sie den Arm in gleichmäßigen Bewegungen aus der Schulter heraus auf und ab bewegen, drehen Sie langsam mit der anderen Hand die Schüssel im Uhrzeigersinn.

Ebenfalls wichtig ist das Herstellen einer Kugel unter Spannung: Nehmen Sie dazu das gut durchgearbeitete Teigstück und schlagen die Außenränder nach innen ein, drücken Sie dabei die Mitte ein. Dann drehen

Sie das Ganze herum und helfen mit den Händen unten nach, dass sich eine Kugel bildet. So geht Teig besonders gut.
Wenn der Teig gehen soll, ziehe ich eine Plastiktüte über die Schüssel, in diesem Milieu vermehrt sich die Hefe gerne. Für Brot und große Schüsseln habe ich mir extra Riesentüten aus der Reinigung besorgt.

Zwei Tipps zum Abschluss: Sprühen Sie das Brot unmittelbar vor dem Backen mit Wasser ein, das geht am besten mit einer Blumenspritze. Und vergessen Sie bei Broten nie die Klopfprobe: Das Brot ist fertig, wenn es sich beim Klopfen gegen die Unterseite hohl anhört.
Ich stelle bei fast allen Hefe- und Sauerteigen schon beim Vorheizen eine ofenfeste Schüssel mit Wasser auf den Boden des Ofens, die dort die ganze Backzeit stehen bleibt.

Teig wird schöner, wenn die Hefe in kaltem Wasser verrührt wird. Nur wenn es eilig gehen soll, nehme ich wie in einigen Rezepten angegeben warmes Wasser.

Brot-Basisrezepte

Wer als Anfänger einmal ein Brot erfolgreich gebacken hat, ist gut beraten, bei diesem Brottyp auch eine Weile zu bleiben und zu experimentieren. Andere Saaten, vielleicht Nüsse oder Zwiebeln, andere Getreidesorten – sie alle geben einen jeweils anderen Geschmack und verändern auch die Backeigenschaften leicht.
Ich habe in dieses Kapitel einen Vertreter für jede wichtige Brotsorte aufgenommen. Lediglich die Fermentbrote habe ich ausgelassen, weil ich das Trockenferment von Sekowa etwas umständlich finde und das Backferment meiner Meinung nach doch etwas mehr Praxis erfordert. Hefebrote sind schneller zuzubereiten und schmecken frisch auf ihre Art genauso köstlich wie Sauerteigbrote, werden aber deutlich schneller trocken. Manche frieren ihr Brot scheibenweise ein, um es dann in kleinen Portionen aufzutauen. Das ist für kleine Haushalte ein guter Tipp.

Quasi ohne es zu merken, sammeln Sie beim Backen einer Brotsorte einen Erfahrungsschatz, den Sie bei der nächsten Sorte gleich einbringen können.

Das einfachste Brot der Welt

Das Originalrezept für dieses Brot stammt mindestens aus den 80er-Jahren des letzten Jahrhunderts und findet sich in zahlreichen Foren unter Titeln wie „Einkrümelbrot“ usw. Die Menge ist jedoch für einen Haushalt, der nicht auf Brotbacken eingestellt ist, zu groß. Außerdem wird frische Hefe verwendet. Für Anfänger ist es manchmal schwierig, an frische Bio-Hefe zu kommen. Ich habe das Rezept auf eine 30-cm-Kastenform heruntergerechnet, auch das klappt wunderbar. Das Brot erfordert keine Maschinen und keine besondere Knetkunst. Sie brauchen nicht einmal eine Getreidemühle, denn fast jedes Reformhaus und jeder Bio-Laden mahlt Getreide für seine Kunden. Möglicherweise funktioniert das Rezept auch mit fertig abgepacktem Vollkornmehl aus dem Supermarkt – das habe ich „aus Überzeugung“ jedoch gar nicht erst probiert ☺.

Für 1 Brot-Kastenform von 30 cm:

1 erbsgroßes Stück Bio-Hefe (ersatzweise 1 gestr. TL Trockenhefe)
600 g kaltes Wasser
500 g Dinkel
160 g Einkorn
120 g Buchweizen (oder Gerste)
2 TL fertig gekauftes Brotgewürz
3 flach gestr. TL Salz
50 g Sonnenblumenkerne
30 g Sesam ungeschält
Butter und Sesam für die Form

Am Abend vorher Hefe und Wasser mit einem Löffel gut verrühren, bis sich die Hefe gelöst hat. Getreide mischen und fein mahlen. Mehl mit Brotgewürz, Salz, Sonnenblumenkernen und Sesam mischen, zum Hefewasser geben und mit einem Löffel verrühren, bis kein trockenes Mehl mehr zu sehen ist. Da der Teig sehr stark geht, eine großzügig bemessene Teigschüssel wählen! Die Schüssel in eine Plastiktüte stecken und auf der Fensterbank etwa 10–12 Std. stehen lassen.

Am nächsten Morgen den Ofen auf 250 °C (Umluft) vorheizen, gleichzeitig auf den Boden eine feuerfeste Form mit Wasser stellen. Inzwischen den Teig mit der Hand durchkneten, bis alle Luft entwichen ist. Brotform einfetten, mit Sesam ausstreuen und den Teig hineinfüllen. Teig gut einsprühen (z. B. mit einer Blumenspritze), mit einem Messer kreuzweise 1–2 cm tiefe Rillen hineinschneiden und Teig ruhen lassen, bis der Ofen 250 °C erreicht hat.

Brot in den Ofen schieben, Temperatur auf 225 °C herunterschalten und das Brot 50 Min. backen. Brot auf ein Kuchengitter stürzen und die Klopfprobe machen (beim Klopfen gegen die Unterseite muss das Brot hohl klingen). Nochmals mit Wasser einsprühen und abkühlen lassen.

Tipp:

Statt Dinkel plus Einkorn können Sie auch 660 g Weizen oder 660 g Dinkel nehmen.

Die Brot-Kastenform passt für den Teig, wenn Sie in die leerew Form etwa 1600 g Wasser gießen können.

Fünf-Minuten-Brot

Fünf-Minuten-Brote gibt es fast in jedem Backbuch, im Internet finden Sie sie auch zuhauf. Sie sind genau wie das „Einfachste Brot der Welt" ein prima Einstieg in das Brotbacken. Sie haben nur den Nachteil aller Hefebrote: Frisch schmecken sie am besten!
Ich habe meine Fünf-Minuten-Brote bisher immer mit 1 Würfel Frischhefe auf 500 g Mehl gebacken und damit wunderbare Brote erhalten. Nun wollte ich für die Leser dieses Buchs, die gerade am Anfang sind, die Beschaffung der Zutaten vereinfachen. Trockenhefe sollte es sein! Da 1 Beutel Trockenhefe mit 9 g Inhalt 1/2 Würfel frischer Hefe entspricht, war ich ganz überrascht, dass in den meisten Rezepten mit Trockenhefe nur 1 Beutel Trockenhefe auf 500 g Mehl bzw. 2 Beutel auf 1000 g verwendet werden. Aus diesem Grund nahm ich auch 1 Beutel. Ich war etwas misstrauisch, deshalb habe ich die Hefe vorher schon in Wasser verrührt, wodurch sie aktiviert wird, und außerdem noch 1 TL Honig mehr hinzugegeben.
Wie nicht anders zu erwarten, ist das Brot maximal 2 mm gegangen. Ich musste es 75 (statt normalerweise 60) Min. backen. Geschmeckt hat es gut. Wer aber ein wirklich optisch ansprechendes Fünf-Minuten-Brot haben will, nimmt 1 Würfel frische Hefe, so wie ich dies dann beim zweiten Versuch auch gemacht habe.

Für 1 Brot-Kastenform von 30 cm:
1 Würfel frische Bio-Hefe (42 g)
450 g handwarmes Wasser
500 g Weizen
50 g Kürbiskerne
50 g Leinsamen
2 knappe TL Salz (oder wer mag auch Kräutersalz)
2 EL Obstessig
1 TL Honig
Butter und 1–2 EL Leinsamen für die Form

Hefe im Wasser auflösen. Weizen mahlen. Hefewasser mit den restlichen Zutaten gut durchkneten (z. B. in einer Küchenmaschine). Brotform einfetten und mit Leinsamen ausstreuen. Teig hineingeben und die Form auf dem Gitterrost in den kalten Backofen schieben, gleichzeitig auf den Boden eine feuerfeste Form mit Wasser stellen.
Den Ofen auf 200 °C (Umluft) vorheizen und das Brot darin 1 Std. backen. Das fertige Brot (Klopfprobe!) aus der Form stürzen, mit Wasser einsprühen (z. B. mit einer Blumenspritze) und auf einem Kuchengitter auskühlen lassen.

Tipp:
Wenn mal ein Rezept schief geht, ergibt sich sofort die Frage: Was tun mit dem missratenen Ergebnis? Missratene Brotreste können Sie auch für die Rezepte mit Brot als Teigersatz (s. S. 56 ff.) verwenden!
Sauerteigbrote sollten vor dem Anschneiden 24 Stunden stehen, damit das Aroma durchziehen kann und das Brot gut verträglich ist.

Baguettes

Drei verschiedene Varianten (Walnuss, Zwiebel, Kräuter) unterscheiden sich nur im allerletzten Schritt des Knetens, daher lassen sie sich leicht in einem Rezept zusammenfassen. Baguettes sind immer gerngesehene Party-Mitbringsel!

12–14 Std. vor dem Backen (am Abend vorher) für den Vorteig Dinkel fein mahlen und mit 150 g Wasser gut verrühren.
Am Backtag morgens Hefe in 100 g Wasser verrühren. Dinkel fein mahlen. In die Mitte eine Kuhle drücken, Hefewasser hineingeben und mit etwas Mehl zu einem Brei verrühren. Vorteig, 60 g Wasser und Salz hinzugeben und mind. 5 Min. gut verkneten (auf die Uhr schauen!). Der Teig wird weich, löst sich jedoch vom Schüsselrand. Eine Teigkugel unter Spannung formen. Teigschüssel in eine Plastiktüte geben, mit einem Tuch abdecken und den Teig 1 Std. gehen lassen.
Inzwischen für Zwiebelbaguettes Zwiebel und Knoblauchzehe schälen, klein schneiden, im Öl anbraten, bis sie glasig und nicht stärker als beige gefärbt sind.
Teigling kurz mit den Händen gründlich kneten und in 3 Portionen zu 275 g teilen. Wenn nötig, für die Knetvorgänge Mehl zu Hilfe nehmen. Gewicht mit der Waage kontrollieren, damit die Baguettes beim Backen gleichgroß sind. Wenn vorhanden, Baguettebackform dünn mit Öl einpinseln und mit Mehl ausstreuen, sonst einfach Dauerbackfolie nehmen.
Jedes Teigdrittel mit den gewählten Zutaten verkneten und zu einem Baguette in Länge der Form rollen. Die Teigrollen zwischendurch immer wieder kurz ruhen lassen, damit der Teig entspannen kann. Das Rollen fällt dann leichter und der Teig zieht sich nicht mehr zusammen.
Baguettes mit Wasser einsprühen (z. B. mit einer Blumenspritze), das Blech in eine große Plastiktüte stecken und die Baguettes nochmals 20 Min. gehen lassen. In dieser Zeit den Ofen auf 250 °C (Umluft) vorheizen. Gleichzeitig auf den Boden eine feuerfeste Form mit Wasser stellen.
Baguettes nochmals mit Wasser besprühen, mit einem scharfen Messer 3–4 mal schräg einschneiden und das Blech mit den Broten in den heißen Ofen schieben.
Ofen auf 175 °C herunterschalten und die Teiglinge 30 Min. backen. Klopfprobe machen (beim Klopfen gegen die Unterseite müssen die Baguettes hohl klingen). Die heißen Brote nochmals mit Wasser einsprühen und auf einem Kuchengitter auskühlen lassen.

Für den Vorteig:
150 g Dinkel
150 g Wasser

Für den Hauptteig:
1/2 Würfel frische Bio-Hefe (21 g)
100 g Wasser
350 g Dinkel
60 g Wasser
1 TL Salz
Öl und Mehl für die Form

Für Zwiebelbaguettes:
1 Zwiebel (40 g netto)
1 Knoblauchzehe
1 EL Sonnenblumenöl

Für Walnussbaguettes:
75 g grob gehackte Walnusskerne

Für Kräuterbaguttes:
30 g frisch gehackte Petersilie
1–2 EL getrockneter Oregano

Schrotfladenbrot

1/2 Würfel frische Bio-Hefe (21 g)
100 g Wasser
100 g Roggen
400 g Dinkel
250 g Wasser
2 TL Kräutersalz (s. S. 149)
2 TL Oregano-Öl (s. S. 151)
2 TL Sesam, ungeschält
1–2 TL Schwarzkümmel

Aus der Not eine Tugend machen – das gilt auch für Vollwertler: Ich war zum Kochen eingeladen. „Hast du eine Getreidemühle?" war meine erste Frage. „Ja, klar, ich brauche die zwar nicht, habe aber mal eine geschenkt bekommen." Je frischer das Getreide, umso besser. Hätte die Freundin keine eigene Mühle gehabt, hätte ich vor der Abfahrt gemahlen – 2 Std. Fahrt hätte das Mehl schon ausgehalten. Ich kam an, oh fein, eine Jupiter, habe ich ja selbst einmal besessen. Der Schock kam dann schnell. Ich drehte auf die feinste Einstellung, wog mein Getreide ab und ... es schrotete grob aus der Mühle heraus. Auch mit ein wenig Mehl, aber meine türkisch angehauchten feinen Fladen würden dabei nicht herauskommen. Was tun? Wegwerfen? Aufgeben? Geht nicht, gibt's nicht ... und so habe ich versucht, einfach weiterzumachen. Und siehe da – ein durchaus leckeres Ergebnis. Ein schöner fester Biss bei typischem Fladengeschmack. Empfehlenswert!

Hefe in 100 g Wasser auflösen. Roggen und Dinkel grob schroten. Mit Hefewasser und weiteren 250 g Wasser verrühren und den Teig abgedeckt 2 Std. gehen lassen.
Salz und Öl dazugeben und den Teig 5 Min. kneten. Teig in vier Teile teilen. Jeden Teigling auf einem mit Dauerbackfolie oder Backpapier ausgelegten Backblech zu einem länglichen Fladen ziehen. Mit Wasser besprühen (z. B. mit einer Blumenspritze), mit Sesam und Schwarzkümmel bestreuen. Fladen mit Gärfolie oder Plastikfolie abdecken und 65 Min. gehen lassen, in den letzten 20 Min. den Ofen auf 250 °C (Umluft) vorheizen.
Die Fladen in den Ofen schieben, die Temperatur auf 200 °C herunterschalten und die Fladen 25 Min. backen. Fertige Fladen nochmals einsprühen und auf einem Rost abkühlen lassen. Schmecken auch warm!

Weizenschwarzbrot

Am Abend vorher Roggen fein schroten. Sauerteigansatz, lauwarmes Wasser und Roggen in einer größeren Schüssel gut verrühren. Die Schüssel in einer Plastiktüte auf der Fensterbank etwa 10–12 Std. stehen lassen.
Am nächsten Morgen 150 g Sauerteig abnehmen und in einem Glas mit Schraubdeckel im Kühlschrank als neuen „Starter" aufbewahren. Die drei Samensorten in einem kleinen Mixer schroten. (Man kann auch fertig gemahlene Gewürze nehmen, jedoch ist das Aroma nicht so frisch.)
Den Vorteig (insgesamt 1000 g) mit Wasser, Sonnenblumenkernen, Salz, Gewürzen und Honig mit einem Kochlöffel gut verrühren.
Zuerst 230 g Weizen sehr grob schroten, ebenfalls unterrühren. Dann 50 g Roggen und 50 g Weizen zusammen fein mahlen, auch gut unterrühren. Die Brotform einfetten und den Teig hineinfüllen, gut einsprühen (z. B. mit einer Blumenspritze). Form in einen großen Plastikbeutel schieben, kräftig hineinpusten und den Teig 4–8 Std. ruhen lassen. Bei einem schon „ausgewachsenen" Sauerteig reichen 3–4 Std. In den letzten 20 Min. den Ofen auf 160 °C (Umluft) vorheizen. Gleichzeitig auf den Boden des Ofens eine ofenfeste Form mit Wasser stellen. Das Brot 2 Std. backen, aus dem Ofen nehmen und die Klopfprobe machen. Brot etwas abkühlen lassen, auf ein Kuchengitter stürzen, nochmals einsprühen und abkühlen lassen. Erst am nächsten Tag anschneiden.

Tipp:
Die Kastenform ist groß genug, wenn sie 1600–1700 g Wasser fasst. Der Wassertest ist überhaupt eine gute Möglichkeit, das Fassungsvermögen von Kuchen- und Brotformen abzuschätzen. Wobei man dann bedenken sollte, wie stark der Teig noch geht.

Für 1 Brot-Kastenform von 30 cm:

Für den Vorteig (am Abend vorher):
500 g Roggen
150 g Sauerteigansatz aus dem Kühlschrank (s. S. 163)
500 g lauwarmes Wasser

Für den Hauptteig (am Morgen des Backtags):
1000 g Sauerteigansatz (s. o.)
1 TL Kümmelsamen
1 TL Koriandersamen
1 TL Fenchelsamen
160 g Wasser
100 g Sonnenblumenkerne
1 EL Salz
1 TL Honig
230 g Weizen
50 g Roggen
50 g Weizen
Butter für die Form

Hefe-Sauerteig-Mischbrot

Zusätzlich zum Sauerteig etwas Hefe unter den Teig zu geben, empfiehlt sich in zwei Situation: Der Sauerteig ist noch ganz jung, hat also noch nicht die volle Triebkraft. Eine Hefezugabe kann quasi den Vorteig ersetzen. Dieser Teig hat die richtig Konsistenz, wenn er zu weich ist, um sich formen zu lassen, aber noch fester als ein Rührteig, also nicht vom Löffel fällt. Die Teigmenge reicht für zwei 1500-g-Formen.

Für 2 Brot-Backformen:

Am Abend vorher:
250 g Roggen
260 g Wasser
150 g Sauerteigansatz aus dem Kühlschrank (s. S. 163)

Am Morgen des Backtags:
510 g Sauerteigansatz (s o.)
1 Päck. Trockenhefe (9 g, oder 1/2 Würfel frische Bio-Hefe, 21 g)
850 g Wasser
500 g Roggen
250 g Dinkel
250 g Einkorn (oder weitere 250 g Dinkel)
1 TL Bockshornklee
2 TL Koriandersamen
1 EL Kümmel, ungemahlen
1 EL Salz
125 g goldener Leinsamen
115 g Kürbiskerne
45 g Sesamöl
Butter für die Formen

Am Vorabend 250 g Roggen fein mahlen, mit 260 g Wasser und Sauerteigansatz verrühren. Die Teigschüssel – sie sollte nicht wesentlich mehr als halb gefüllt sein – in eine Plastiktüte stecken, ein Tuch darüber legen und über Nacht stehen lassen.
Am nächsten Morgen vom Sauerteig 150 g in ein Glas mit Schraubdeckel füllen, bis zum nächsten Backen im Kühlschrank aufbewahren (hält sich gut bis zu drei Wochen). Hefe in 850 g Wasser verrühren.
500 g Roggen mit Dinkel und Einkorn mischen, die Gewürze ebenfalls mischen. Das Getreide fein schroten, dabei die Gewürze im ersten Viertel mitschroten (der Rest Getreide kann dann die Mühle „auswaschen").
Mit Salz, Leinsamen, Kernen und Sesamöl zum Hefewasser geben. Alle Zutaten, auch die 510 g Sauerteig, gründlich verkneten (in der Teigknetmaschine 10 Min., mit der Hand 15 Min.). Die Knetschüssel in eine Plastiktüte stecken und 2 Std. gehen lassen.
Nochmals 4–5 Min. gründlich durchkneten. Zwei Brotformen gut mit Butter einfetten, jeweils etwa 1320 g Teig hineingeben, kreuzweise einschneiden und 1 Std. gehen lassen.
Eine feuerfeste Schüssel mit Wasser unten in den Ofen stellen. Ofen auf 250 °C (Umluft) vorheizen. Die Brote auf dem Gitterrost in den Ofen schieben und 20 Min. bei 250 °C backen, dann auf 200 °C herunterschalten und noch weitere 40 Min. backen.
Die Brote aus den Formen auf ein Kuchengitter stürzen (Klopfprobe!). Klingt es hohl, sind die Brote fertig (sonst nochmals 10 Min. backen). Noch heiß mit Wasser einsprühen (z. B. mit einer Blumenspritze), erst am nächsten Tag anschneiden.

Tipp:
Bei der Wassermenge besser erst mit 750 g beginnen, vor allem wenn Dinkel und Einkorn gegen andere Getreide ausgetauscht werden. Je nach Getreidesorte, aber auch je nach Erntezeit und Erntebedingungen kann der Wasserbedarf eines Teigs sehr unterschiedlich sein.
Wenn Sie nur ein Brot backen möchten, nur die Hälfte der Zutaten verwenden. Die Menge des Sauerteigansatzes und das, was am Morgen wieder verwahrt wird, ändert sich nicht.

Freigeschobenes Schwarzbrot im Doppelpack

Warum als Single zwei Brote backen? Die Antwort lautet: Weil so die Ofenhitze ökologisch sinnvoll ausgenutzt wird. Außerdem sind selbstgebackene Brote gerngesehene Geschenke. Einfrieren kann ich sie natürlich auch. Der Sauerteigansatz hält sich bei mir im Kühlschrank mindestens drei Wochen. In der Zeit kann ich gut zwei so kleine Brote essen. Außerdem ist es rechnerisch einfach, alle Mengen zu halbieren, ein komplizierter Dreisatz ist nicht nötig.

Am Morgen vorher:
210 g Roggen
150 g Sauerteigansatz aus dem Kühlschrank (s. S. 163)
240 g Wasser

Am Abend vorher:
450 g Sauerteigansatz (s.o.)
400 g Roggen
300 g Dinkel
550 g Wasser

Am Morgen des Backtags:
150 g Dinkel
250 g Roggen
1 EL Koriandersamen
1 geh. EL Salz
50 g Wasser
100 g Sonnenblumenkerne
Mehl für die Gärkörbchen

Am Morgen vorher den Roggen fein mahlen. Sauerteigansatz, 240 g Wasser und Roggen gut verrühren. Die Schüssel in eine Plastiktüte stecken und auf der Fensterbank etwa 10–12 Std. stehen lassen.
Am Abend vorher 450 g vom Sauerteigansatz für das Brot abnehmen und den Rest für das nächste Backen in einem Glas mit Schraubdeckel im Kühlschrank aufbewahren. Roggen mit Dinkel mittelgrob schroten. Mit Sauerteig und 550 g Wasser gut verrühren (5 Min. mit der Teigknetmaschine). Der Teig lässt sich hier mit einem Löffel noch durchrühren oder mit sehr nasser Hand kneten. Mit Plastik gut abdecken und über Nacht stehen lassen.
Am nächsten Morgen Dinkel und Roggen fein mahlen, dabei den Koriander zusammen mit der ersten Getreideportion mahlen. Mehl, Salz, 50 g Wasser und Sonnenblumenkerne unter den Sauerteigansatz kneten (5 Min. mit der Teigknetmaschine). 3 Std. gehen lassen.
Zwei kleinere Gärkörbchen nass machen und sehr gut mit Mehl ausstreuen. Den Teig darauf verteilen. Wer keine Gärkörbchen hat, kann eine passende, runde Brotform oder Kastenform mit einem sauberen Küchentuch auslegen und mit Mehl ausstreuen. Beide Formen mit Gärfolie, Dauerbackfolie o. Ä. abdecken und die Brote 1 Std. 10 Min. gehen lassen, in den letzten 20 Min. den Ofen auf 250 °C (Umluft) vorheizen. Gleichzeitig auf den Boden des Ofens eine ofenfeste Form mit Wasser stellen.
Die beiden Teiglinge auf ein mit Dauerbackfolie ausgelegtes Backblech kippen, eventuell mit einem Messer einige Male rautenförmig einschneiden. Die Brote in den Ofen schieben und 15 Min. bei 250 °C backen. Danach den Ofen auf 200 °C herunterschalten und die Brote noch 40 Min. backen. Brotlaibe vom Blech nehmen (Klopfprobe!) und auf ein Kuchengitter geben. Mit Wasser einsprühen (z. B. mit einer Blumenspritze) und abkühlen lassen. Erst am nächsten Tag anschneiden.

Walnuss-Stuten

Wie süß ein Stuten sein soll, liegt an Ihrem Geschmack. Manch einer mag es noch ziemlich deftig, der andere bevorzugt einen kuchenartigen Geschmack. Mit klein geschnittenen Datteln wird die süße Richtung noch weiter unterstützt. Bei wesentlich mehr Honig ist die Flüssigkeitsmenge entsprechend zu reduzieren.

Für 1 Brot-Kastenform von 30 cm:

Für den Vorteig (am Abend vorher):
250 g Weizen
250 g Wasser
1/2 TL Salz
1 TL Honig

Für den Hauptteig (am Morgen des Backtags):
2 Päck. Trockenhefe (je 9 g)
100 g Wasser
400 g Kamut
100 g Weizen
125 g Walnusskerne
1/2 TL gem. Vanille
1/2 TL gem. Kardamom
1/2 TL Salz
150 g Honig
100 g Wasser
65 g Sonnenblumenöl
Butter für die Form

Am Abend vorher Weizen fein mahlen. Mit Wasser, Salz und Honig verrühren. Die Schüssel mit dem Teig in eine Plastiktüte stecken und auf der Fensterbank etwa 10–12 Std. stehen lassen.
Am nächsten Morgen Hefe in 100 g Wasser verrühren. Getreide mischen und fein mahlen. Die Walnüsse hacken (z. B. im Zerkleinerer). Die trockenen Zutaten vermischen und mit Honig, 100 g Wasser und Öl sowie dem Vorteig gründlich verkneten (mit der Teigknetmaschine 10 Min., mit der Hand 15 Min., der Teig ist allerdings recht „klebrig" und eignet sich daher nicht so gut zum manuellen Kneten). Abdecken und 1 Std. gehen lassen. Dann nochmals durchkneten.
Die Brotform (fasst 1600–1700 g Wasser) mit Butter einfetten. Teig hineingeben und mit der nassen Hand glatt streichen. Form in eine passende Plastiktüte geben und den Teig 1 Std. gehen lassen. Der Teig sollte dann deutlich gegangen, also 1–2 cm in der Form angestiegen sein.
In den letzten 20 Min. den Ofen auf 250 °C (Umluft) vorheizen, gleichzeitig auf den Boden des Ofens eine ofenfeste Form mit Wasser stellen. Brotform auf dem Gitterrost in den Ofen schieben, die Temperatur auf 200 °C herunterschalten und die Stuten etwa 1 Std. bei 175 °C backen. Den fertigen Stuten (Klopfprobe!) auf ein Kuchengitter stürzen und abkühlen lassen.

Info:
Statt Walnüssen können Sie auch jede andere Nusssorte wählen, nur Cashewnüsse sind gebacken etwas „schlaff" im Geschmack. Sie können die Walnüsse durch Rosinen ersetzen oder auch Rosinen zusätzlich in den Teig geben.

Gerstenknäcke

125 g Nacktgerste
125 g Weizen
2 TL Kümmel, ungemahlen
1 gestr. TL Salz
50 g Sonnenblumenöl
130 g lauwarmes Wasser
2 EL Sesam, ungeschält
2 EL Leinsamen

Dieses Knäckebrot ist eine gute Grundlage für alle möglichen Variationen: Sie können die Getreidesorten genauso gut austauschen wie die Saaten, die Art der Flüssigkeit, Sie nehmen Butter statt Öl oder ein anderes Öl – alles lässt sich ausprobieren.

Gerste und Weizen mahlen. Kümmel mit den ersten Gramm Getreide mitmahlen. Mehl mit dem Salz mischen, Öl und 130 g lauwarmes Wasser dazugeben und den Teig mit der Hand kneten, bis sich eine Kugel formen lässt. Das geht auch in der Teigknetmaschine, lohnt aber meiner Ansicht nach den Reinigungsaufwand nicht. Die Teigkugel in Frischhaltefolie wickeln und 1 Std. in der warmen Küche stehen lassen.
Die Samen mischen. Den Teig in zwei Portionen auf Dauerbackfolie etwa 3 mm dick ausrollen, mit einem Teigrädchen in Stücke schneiden. Folie mit dem Teig auf ein Backblech ziehen. Teigplatte sehr gut mit Wasser einfeuchten (z. B. mit einer Blumenspritze), die Samenmischung auf dem Teig verteilen und fest andrücken. Das Backblech in den kalten Ofen schieben. Das Knäckebrot im Ofen 25 Min. bei 175 °C backen, den Ofen nicht vorheizen. Das Brot soll noch hell sein. Knäckebrot auf einem Kuchengitter auskühlen lassen, in Stücke brechen und in einer gut schließenden Dose aufbewahren.

Brot-Brötchen & Co.

Brötchen können ein schöner Einstieg ins Backen von herzhaftem Gebäck sein. Sie brauchen keine besondere Backform und die Brötchen lassen sich leicht einfrieren und auftauen – ideal also für den kleinen Haushalt.
Wenn ein Brötchenteig einmal gar nicht gelingen will, weil der Teig klebt wie verrückt – einfach alles in eine Brotform geben und als Brot backen. Das Kleben von Teig kann mehrere Ursachen haben. Einmal kann es sein, dass Sie nicht lang genug geknetet haben. Sie können aber auch einen Teig überkneten, der wird dann auch klebrig. Mit der Hand Überkneten geht kaum, das passiert eher beim Kneten des Teigs mit einer Maschine. Zum anderen kann eine Mehlsorte im Frühling auch gänzlich anders reagieren als im Winter.

Brötchen sind immer eine prima Sache, um bei Einladungen zu punkten – egal, ob Sie einladen oder selbst der Besuch sind.

Einfachste Brötchen der Welt

Trockenhefe in 450 g Wasser auflösen. Getreide bis auf 100 g Einkorn fein mahlen. Mit den restlichen Zutaten mit der Hand oder der Maschine gründlich verkneten. In eine große Schüssel füllen, die mehr als das doppelte Volumen fassen sollte. Schüssel in eine Plastiktüte verpacken und bei Raumtemperatur über Nacht stehen lassen. Am nächsten Morgen die restlichen 100 g Einkorn fein mahlen und unterkneten. Mit einem nassen Löffel passend große Stücke von etwa 80–120 g abnehmen.
Mit nassen Händen zu Brötchen formen und auf ein mit Dauerbackfolie ausgelegtes Blech setzen. Das Rezept ergibt etwa 10 Stück. Den Ofen auf 250 °C (Umluft) vorheizen, die Brötchen können währenddessen noch gehen. Die Brötchen zuerst 10 Min. bei 225 °C, dann noch 15 Min. bei 200 °C backen. Sie sind erst richtig lecker, wenn sie mittelbraun sind. Mit Wasser einsprühen (z. B. mit einer Blumenspritze).

Info: Angeblich funktioniert das Rezept auch mit gekauftem Mehl.

Für ca. 10 Brötchen

1 Päck. Trockenhefe (9 g)
450 g Wasser
400 g Dinkel
400 g Einkorn (oder auch Dinkel)
2 TL Vollmeersalz (16 g)
50 ml Apfelessig

Rosinenbrötchen

Braune Rosinen verwende ich so gut wie gar nicht mehr – sie werden, damit sie nicht klumpen, meist geölt. Über die Qualität dieses Öl verliert aber niemand ein Wort. Grüne Rosinen werden nicht geölt. Sie schmecken aromatisch und sind etwas süßer als braune Rosinen. Eingeweicht bleiben sie fest.

Getreide fein mahlen. Mehl mit den restlichen Zutaten, aber ohne die Rosinen, in der Küchenmaschine oder mit der Hand gründlich verkneten. Zum Schluss die Rosinen einarbeiten. Den Teig zu einer Kugel formen, in eine Plastikschüssel setzen. Die Schüssel in eine Plastiktüte verpacken und den Teig bei Zimmertemperatur 30–45 Min. gehen lassen.
5 Teigstücke zu etwa 90 g (wiegen!) abnehmen und zu runden Brötchen formen. Teiglinge nebeneinander auf ein mit Dauerbackfolie ausgelegtes Backblech setzen. Unter Gärfolie oder in einer großen Plastiktüte 30 Min. gehen lassen.
In den letzten 20 Minuten den Ofen auf 250 °C (Umluft) vorheizen. Das Blech in den Ofen schieben, die Temperatur auf 175 °C herunterschalten und die Brötchen 20 Min. bei 175 °C backen. Klopfprobe machen. Mit Wasser einsprühen (z. B. mit einer Blumenspritze) und auf einem Kuchengitter auskühlen lassen.

Für 5 Brötchen:

1/2 Würfel frische Bio-Hefe (21 g)
160 g Pflanzenmilch (s. S. 170 oder eine Mischung aus 60 g Sahne und 100 g Wasser)
150 g Dinkel
100 g Kamut (oder nur Dinkel bzw. Weizen)
20 g Honig
1 Prise Salz
1 Msp. gem. Vanille
50 g grüne Rosinen

Tipp:
Wenn Sie keine Küchenmaschine haben, sollten Sie die Hefe erst in einem Teil der „Milch" verrühren.

Für 9 Brötchen:
16 g frische Bio-Hefe (etwas weniger als 1/2 Würfel)
100 g Wasser
200 g Rotkornweizen (oder Weizen)
200 g Einkorn (oder Dinkel)
2 gestr. TL Salz
1 TL gem. Koriander
150 g Wasser
1 EL Olivenöl
20 g fein gehackter Beinwell (oder ein anderes Kraut)
50 g Sonnenblumenkernsprossen (48 Std. gekeimt)

Info:
• Dieser Teig ergibt einfach nur mit Dinkel oder Weizen und ohne Kräuter oder Sprossen köstliche „normale“ Brötchen.
• Rotkornweizen ist eine alte Weizensorte, die von einem einzelnen Bauern wieder eingeführt wurde. Er ist der heiße Tipp unter Kennern, weil Rotkornweizen sehr gute Backeigenschaften hat, die moderne Getreide – auch aus Bio-Produktion – häufig vermissen lassen. Sein gefärbtes Korn gibt auch dem Getreidefrühstück eine aparte Note.

Beinwell-Brötchen

Brötchen mit Beinwell oder Löwenzahn zu backen ist ein erster Schritt, sich auf die Welt der Wildkräuter zuzubewegen. Sauerampfer und Giersch eignen sich dafür auch sehr gut. Wer sich noch gar nicht an die wilden Gewächse traut, nimmt Schnittlauch, Petersilie oder Dill.

Hefe in 100 g Wasser auflösen. Getreide zusammen fein mahlen, mit den anderen trockenen Zutaten mischen. Hefewasser, weitere 150 g Wasser und Olivenöl zuerst in die Küchenmaschine geben, dann das Mehl gefolgt von Beinwell und Sprossen, und alles gut durchkneten lassen. Es ergibt einen ziemlich feuchten Teig, was lästig beim Kneten ist, dafür erhält man schön strukturierte, lockere Brötchen. Den Teig nochmals kurz mit der nassen Hand nachkneten, zu einer Kugel formen und abgedeckt in einer Plastikschüssel 1 Std. gehen lassen.
Den Ofen auf 250 °C (Umluft) vorheizen, gleichzeitig auf den Boden eine ofenfeste Form mit Wasser stellen. Den Teig erneut kurz kneten und mit einem Esslöffel jeweils etwa 75 g (wiegen!) schwere Teigstücke abreißen. Die Teiglinge mit den feuchten Händen zu Kugeln formen. Die 9 Kugeln auf ein mit Dauerbackfolie ausgelegtes Backblech legen. Mit der Schere jeweils einmal oben einschneiden und die Brötchen ruhen lassen, bis der Ofen die gewünschte Temperatur erreicht hat (ca. 15–20 Min.).
Brötchen mit Wasser einsprühen (z. B. mit einer Blumenspritze), in den Ofen schieben, auf 200 °C herunterschalten und die Brötchen 20 Min. backen. Klopfprobe machen, die Brötchen auf einem Kuchengitter gut abkühlen lassen.

Für 24 Hörnchen:
6 g Trockenhefe
70 g Wasser
175 g Kamut
75 g Dinkel
1 TL Salz
1 TL gem. Kreuzkümmel
25 ml Sesamöl
25 g Mandelmus oder -paste (s. S. 158)
50 g Wasser
je 1–2 TL Sesam, Mohn und Kümmel

Info:
Das Originalrezept dazu erhielt ich von meiner Schwägerin: „Zutaten: 1 kg Dinkelmehl, 100 ml Öl, 1/2 Liter Milch, 1 Stück Hefe, 2 EL Salz, 3 EL Butter. Daraus einen Hefeteig machen, gut gehen lassen, in 10 Stücke teilen, nochmal gehen lassen, ausrollen und in jeweils 8 Dreiecke schneiden, Hörnchen rollen und mit Eigelb bestreichen, nach Geschmack mit Sesam oder Kümmel bestreuen und im vorgeheizten Ofen (180 °C Umluft) 15–20 Minuten backen. Das sind 80 Hörnchen, die nicht alt werden! Ich hatte das schon ein paarmal mit weißem Mehl gemacht, aber mit Dinkel ist es noch leckerer!"

Mini-Übernachthörnchen

Hefe in 70 g Wasser auflösen. Getreide mischen und fein mahlen. Salz und Kreuzkümmel unter das Mehl rühren. Öl, Mandelmus und 50 g Wasser im Mixer zu einer homogenen Flüssigkeit mischen und in die Küchenmaschine geben.
Mehl hinzufügen und alles gründlich miteinander verkneten. Den Teig auf einer glatten Fläche mit der Hand durchkneten und eine Kugel unter Spannung formen. In eine fest schließende Plastikschüssel geben und über Nacht in den Kühlschrank stellen.
Am nächsten Morgen den Teig aus dem Kühlschrank nehmen und erneut gut durchkneten. 3 Portionen zu je 140 g (wiegen!) formen. Jede Portion zu einer Kugel rollen und nebeneinander in gutem Abstand auf einen Teller setzen, in eine Plastiktüte stecken und 40 Min. gehen lassen. Die Kugeln sollen deutlich größer werden.
Jede Kugel zu einem Kreis von etwa 25 cm Durchmesser ausrollen. Jeden Kreis vier Mal wie einen Kuchen durchschneiden, sodass sich 8 Dreiecke ergeben. Jedes Dreieck von der breiten Seite nach innen zu einem Hörnchen rollen. Hörnchen mit der Oberseite in Sesam, Mohn oder Kümmel drücken.
Die Hörnchen in drei Reihen nebeneinander auf ein mit Dauerbackfolie ausgelegtes Backblech legen und 20 Min. gehen lassen.
Die Hörnchen gut mit Wasser einsprühen (z. B. mit einer Blumenspritze), das Blech in den kalten Ofen schieben und die Hörnchen 20 Min. bei 175 °C hellbraun backen. Auf ein Kuchengitter legen und noch heiß mit Wasser besprühen. Auskühlen lassen.

Angeplunderte Croissants

Ein Plunderteig ganz ohne Butter. Die Blätterung ist nur schwach zu sehen, beim Essen ist sie deutlich. Croissants kann man nach Belieben füllen. Gut schmecken sie auch einfach ohne Füllung, mit Butter, Honig oder einem anderen Aufstrich.

Für 12 Croissants:

Für den Teig:
1/2 Würfel frische Bio-Hefe (21 g)
100 g Wasser
250 g Dinkel
1 Prise Salz
1 EL Sonnenblumenöl
45 g Wasser
Dinkelmehl zum Ausrollen
30 g Kokosöl

Für die herzhafte Füllung:
2 EL Öl
20 g Wasser
70 g Giersch (oder ein anderes Kraut)
60 g Zwiebel (netto)
1 Prise Salz
1 TL Paprika edelsüß

Für die süße Füllung:
60 g Mandeln (ungeschält)
30 g Honig

Hefe in 100 g Wasser auflösen. Dinkel fein mahlen. In die Mitte des Mehls eine Kuhle drücken, das Hefewasser hineingießen und mit etwas Mehl zu einem dicklichen Brei rühren. Abgedeckt 15 Min. gehen lassen.
1 Prise Salz, Öl und 45 g Wasser an den Rand des Mehls geben. Alles etwa 5 Min. gründlich miteinander verkneten. Mit nassen Händen eine Teigkugel formen und mit 1 EL Mehl bestreuen. In eine Plastiktüte stecken und 30 Min. gehen lassen.
Den Teig auf einer bemehlten Fläche zu einem Rechteck von etwa 18 x 40 cm ausrollen, die Ränder sollten möglichst gerade sein (in den nächsten Schritten kommt das fast automatisch). Mit Mehl bestreuen. Das untere Teigdrittel durch einen leichten oberflächlichen Schnitt markieren. Kokosöl in einer kleinen Pfanne auf niedriger Stufe flüssig werden lassen. Die beiden oberen Teigdrittel damit bepinseln, den Rest des Öls warm stellen (es reicht die ausgeschaltete Herdplatte).
Das untere Teigdrittel nach oben falten, das obere darüber legen; die Ränder mit der Teigrolle fest zusammendrücken. Das Teigstück um 90 Grad so drehen, dass die Knickstellen an der Seite liegen. Auf ein Brettchen legen, in eine Plastiktüte stecken und 30 Min. in den Kühlschrank stellen.
Den Teig in Längsrichtung auf bemehlter Fläche ausrollen, wieder die oberen zwei Teigdrittel mit 30 g Kokosöl bestreichen. Wie vorher falten, drehen und kalt stellen. Den Teig ein drittes Mal mit Kokosöl (der dritten Portion) bestreichen usw. und 30 Min. kühlen.
Für die pikante Füllung Öl, 20 g Wasser, gewaschenen, trockengeschleuderten und klein geschnittenen Giersch, geschälte und gewürfelte Zwiebeln, Salz und Paprika in eine kleine Pfanne geben. Deckel auflegen und bei größter Einstellung zum Kochen bringen. Sobald Dampf unter dem Deckel austritt, auf kleinste Einstellung drehen und 10 Min. dünsten. Während der ganzen Zeit den Deckel stets geschlossen halten.
Für die süße Füllung Mandeln fein mahlen und mit dem Honig verkneten.
Den Teig nochmals längs ausrollen und durch zwei Querschnitte in drei Rechtecke teilen. Jedes Drittel dünn ausrollen, sodass sich ein Quadrat ergibt. Die Quadrate durch zwei Schnitte von Ecke zu Ecke in vier Dreiecke schneiden. Jedes Dreieck so ausrollen bzw. ziehen, dass sich ein langgezogenes Dreieck ergibt. Auf die breite Seite ein Achtel der Füllung geben (Marzipan zu einer Rolle formen). Die Dreiecke von der breiten Seite her aufrollen und die Enden zueinander hinbiegen.

Die Hörnchen nebeneinander auf mit Dauerbackfolie bzw. Backpapier ausgelegtes Backblech legen, mit Wasser einsprühen (z. B. mit einer Blumenspritze). Das Blech in eine große Plastiktüte stecken und die Hörnchen 30 Min. gehen lassen. In den letzten 20 Minuten den Ofen auf 225 °C (Umluft) vorheizen, gleichzeitig auf den Boden eine ofenfeste Form mit heißem Wasser stellen. Die Croissants zuerst 13 Min. bei 225 °C backen, danach noch 2 Min. bei abgeschaltetem Ofen fertig backen lassen. Fertige Croissants auf ein Kuchengitter legen, nochmals heiß mit Wasser einsprühen und auskühlen lassen.

Mineralwasserfladen

Sonnenblumenkerne in einer trockenen Pfanne auf etwas höherer als mittlerer Hitze einige Minuten erhitzen, bis sie hellbraun werden. Dabei immer wieder umrühren.
Dinkel, Rotkornweizen und Buchweizen mittelfein mahlen. Ganz belassene Hirse, abgekühlte Kerne, Salz, Öl, Apfelessig und Mineralwasser zum Mehl geben und mit einem Teigschaber gründlich verrühren. Den Teig mindestens 1 Std. quellen lassen.Vom Teig mit einem Esslöffel 8 Häufchen auf ein mit Dauerbackfolie ausgelegtes Backblech setzen. Blech in den Backofen schieben, nicht vorheizen. Die Fladen bei 175 °C (Umluft) 30 Min. backen, dann noch 5 Min. im ausgeschalteten Backofen nachbacken lassen. Noch heiß mit Wasser einsprühen (z. B. mit einer Blumenspritze) und auf einem Kuchengitter auskühlen lassen.

Für 8 Fladen:
35 g Sonnenblumenkerne
100 g Dinkel
100 g Rotkornweizen (oder Weizen)
25 g Buchweizen
25 g Hirse
1 TL Salz
2 EL Olivenöl
1 EL Apfelessig
230 g Mineralwasser (mit Kohlensäure)

Brot-Resteverwertung

Wer selbst Brot backt, wird automatisch Bedenken haben, Brot einfach wegzuwerfen. Allein schon die lebendigen, wertvollen Zutaten und die Arbeit, die Sie hineingesteckt haben, halten davon ab. Viele wissen, dass sie aus getrocknetem Brot selbst Paniermehl herstellen können. Aber irgendwann ist der Paniermehlvorrat groß genug – und was dann? Auch von anderen Getreidegerichten bleiben Reste. Sie zu verarbeiten, ist einfacher, als man auf Anhieb denkt. Bäcker beispielsweise backen routinemäßig die übergebliebenen Gebäckstücke in neuem Brot ein. Es führt auch zu weniger Rissen im Brot!
Als Kind freute ich mich immer auf den ersten Freitag im Monat. Da hatte nämlich „unsere" Bäckerei den Brotkuchen im Angebot: eine Art Marmorgebäck in Schnittenform mit Zuckerguss drauf. Ach, war das lecker! Dieser Gedanke, aus dem alten Brot etwas zu machen, das mindestens so schmackhaft ist wie das Original, begleitet mich heute noch.

Manch einer mag die Kombination von süßem Geschmack und Sauerteig nicht und sollte daher darauf achten, bei den entsprechenden Rezepten alte Brötchen oder Hefebrote und kein Sauerteigbrot zu verwenden.

Altbrot

Ich erinnere mich an ein Gespräch mit einer Bedienung im Reformhaus, in dem Bio-Brote verkauft werden. An jenem Tag war es kurz vor Ladenschluss, und es lagen noch zahlreiche Brote im Regal. „Was passiert denn damit?“ erkundigte ich mich. „Die Bäckerei nimmt sie zurück und backt sie dann mit ins neue Brot ein.“ Das habe ich mir gemerkt. Der Anteil des alten Brotes kann bei bis zu 1:5 vom Mehlanteil liegen, ohne dass es Probleme gibt.

Für 1 Brot-Kastenform von 30 cm:

Am Mittag vorher:
95 g altes herzhaftes Gebäck oder Brot
135 g heißes Wasser

Am Abend vorher:
450 g Weizen
400 g Wasser

Am Morgen des Backtags:
1 Päck. Trockenhefe (9 g)
50 g Wasser
185 g Weizen
15 g Emmer
1–2 TL Brotgewürz (fertig gekauft)
1 EL Salz
50 g Leinsamen
Butter für die Form

Am Vortag, etwa gegen Mittag, das alte Brot in Stücke brechen und im heißen Wasser zugedeckt einweichen.
Abends diese Masse zusammen mit 200 g Wasser im Mixer zu einer glatten Masse schlagen. 450 g Weizen fein mahlen, mit weiteren 200 g Wasser und dem Brotpüree gründlich verrühren. Gut abgedeckt 12 Std. (über Nacht) stehen lassen.
Am nächsten Morgen die Trockenhefe in 50 g Wasser anrühren. 185 g Weizen und Emmer mischen, fein mahlen und in die Mitte eine Kuhle drücken. Das Hefewasser in die Kuhle geben, mit etwas Mehl zu einem Brei rühren und abgedeckt 15 Min. stehen lassen. In das Mehl Brotgewürz, Salz, Leinsamen und den Vorteig vom Vortag einige Min. einrühren. Zum Kneten ist der Teig zu flüssig. Abgedeckt 30 Min. gehen lassen. Die Brotform mit etwas Butter gut einfetten. Den Teig nochmals kurz durchrühren und in die Form geben. Mit der nassen Hand glattstreichen und mit einem scharfen Messer rautenförmig einschneiden. Form in eine Plastiktüte stecken und den Teig etwa 2 Std. gehen lassen – er muss sichtbar gegangen sein. Die Zeit richtet sich nach der Temperatur in der Küche und der Getreidequalität.
In den letzten 20 Min. Ofen auf 250 °C (Umluft) vorheizen, gleichzeitig auf den Boden eine ofenfeste Form mit Wasser stellen. Das Brot zuerst 10 Min. bei 250 °C backen, dann auf 200 °C herunterschalten und das Brot weitere 45 Min. backen. Klopfprobe machen: Wenn das Brot hohl klingt, aus der Form auf ein Kuchengitter stürzen, mit Wasser einsprühen (z. B. mit einer Blumenspritze) und abkühlen lassen.

Tipp:
Brotgewürz können Sie auch selbst herstellen: Brotgewürze wie Fenchel, Anis, Kümmel und Koriander einfach in gleichen Anteilen in einem kleinen Mixer schroten oder fein mahlen.

Altzöpfchen

Altes Gebäck in Stücke teilen und mit dem heißen Wasser übergießen, etwa 3 Std. stehen lassen.
Hefe in 100 g Wasser auflösen. Roggen und Dinkel mischen, mit Salz und Kümmel verrühren. Eingeweichtes Brot mit Öl und Essig im Mixer zu einer glatten Mischung verarbeiten. Hefewasser und Mehlmischung zu dem pürierten Brot geben und verkneten. Eventuell noch bis zu 25 g Wasser hinzufügen, diese aber nur esslöffelweise dazugeben, damit der Teig nicht zu flüssig wird. Etwa 5 Min. mit der Hand oder einer entsprechenden Maschine verkneten.
Teig zu einer Kugel unter Spannung formen, gut abgedeckt 1 Std. gehen lassen. Nochmals gut durchkneten (alle folgenden Schritte ggf. unter Zuhilfenahme einer guten Menge Streumehl). Den Teig wiegen, das Gewicht durch 9 dividieren, bei mir ergab das 92 g pro Zopf. Die einzelnen Portionen kurz durchkneten und zu kleinen Kugeln unter Spannung formen.
Zwischen den Händen jeweils eine Rolle bilden und diese auf 40 cm verlängern. Aus der Rolle ein U formen und den linken Streifen über den rechten legen. Dies mehrmals wiederholen, die unteren Enden unter das Zöpfchen schlagen und festdrücken. Nebeneinander schräg auf ein mit Dauerbackfolie ausgelegtes Backblech legen. Die Teiglinge mit Wasser einsprühen (z. B. mit einer Blumenspritze), wer möchte kann jetzt Samen darauf streuen. Mit Gärfolie abdecken, Teiglinge 30 Min. gehen lassen. In den letzten 20 Minuten den Ofen auf 250 °C (Umluft) vorheizen, gleichzeitig auf den Boden eine ofenfeste Form mit Wasser stellen. Backblech einschieben, die Temperatur auf 200 °C herunterschalten und die Zöpfchen 20 Min. backen. Klopfprobe machen: Wenn sie hohl klingen, sind sie fertig. Nochmals einsprühen und auf einem Kuchengitter auskühlen lassen.

Für 9 Zöpfchen:
50 g altes, herzhaftes Gebäck (z. B. Hörnchen)
200 g heißes Wasser
1/2 Würfel frische Bio-Hefe (21 g)
100–125 g Wasser
75 g Roggen
375 g Dinkel
1 geh. TL Salz
1/2 TL gem. Kümmel
1 EL Olivenöl
2 EL Apfelessig
Samen zum Bestreuen nach Belieben

Tipp:
Wenn Sie keine Gärfolie haben, können Sie Dauerbackfolie oder ein bemehltes Küchenhandtuch zum Abdecken nehmen

Brotwaffeln

Brot in kleine Stücke brechen, warmes Wasser darüber gießen und abgedeckt einige Stunden einweichen. Die Einweichzeit richtet sich danach, wie trocken das Brot bereits ist.
Das eingeweichte Brot mit Olivenöl, Salz und 80 g Wasser im Mixer glatt schlagen. Grünkern fein mahlen, unter die Brotmasse rühren. Die Wassermenge kann je nach Brotkonsistenz ein wenig schwanken. Der Teig soll zum Schluss dickflüssig sein, etwas dünner als ein schöner Rührteig. Waffeleisen heiß werden lassen, mit Öl einpinseln. 3–4 EL Teig gleichmäßig darin verteilen und jeweils 8 Min. backen, bis die Waffeln knusprig sind. Die Backzeit ist eine grobe Richtschnur und richtet sich nach dem verwendeten Waffeleisen.

Tipp:
Gut dazu passt eine Petersiliensoße, für die 10 g Mandelmus, 25 g Petersilie (vor allem die Stängel), 15 g Zitrone (netto), 20 g Olivenöl und 70 g Wasser in einem kleinen Mixer fein püriert werden.

65 g altes herzhaftes Gebäck (z. B. Hörnchen oder Brot)
120 g warmes Wasser
20 g Olivenöl
1/2 TL Salz
80 g Wasser
50 g Grünkern
Öl zum Backen

Gefüllte Paprika

Für die Paprika:
125 g altes Brot
125 g heißes Wasser
30 g Zwiebel (netto)
1 TL Kräutersalz (s. S. 149)
1 mittelgroße rote Paprika (ca. 120 g netto)
250 g Wasser
2 TL Olivenöl

Für die Soße:
20 g Mandeln
1 TL Kräutersalz (s. S. 149)
2 EL Oregano-Öl (s. S. 151)
2 EL Zitronensaft
5 EL Wasser
2 EL gehackte Petersilie

Info:
Das Rezept reicht als Hauptmahlzeit für eine Person. Mit Beilagen kann man es auch als Hauptspeise für zwei Personen.servieren.

Brot in Stücke teilen und mit dem heißen Wasser übergießen, 1–2 Std. stehen lassen. Zwiebel in feine Würfel schneiden und mit dem Salz unter den Brotteig kneten.
Paprika halbieren, Kerne und Zwischenwände entfernen, mit der Öffnung nach oben legen.
Den Ofen auf 200 °C (Umluft) vorheizen. Die Füllung auf die beiden Paprikahälften verteilen, die Füllung sollte etwas höher als die Paprika sein. Die Paprikahälften nebeneinander in eine Auflaufform oder eine feuerfeste Pfanne setzen. 250 g Wasser und Olivenöl in die Auflaufform geben, den Deckel auflegen, die Paprika auf dem Gitterrost in den Ofen schieben und darin zunächst 35 Min. backen.
Inzwischen für die Soße alle Zutaten (bis auf die Petersilie) in einem kleinen Mixer pürieren, zum Kochsud in die Auflaufform geben und verrühren. Die Paprika ohne Deckel noch weitere 30–40 Min. backen, bis die Ecken sich etwas dunkel färben und die Haut Falten wirft. Die Paprika aus der Form heben, auf einen Teller geben und mit der Soße auf dem Teller servieren.

Brotsuppe

Brot in Stücke teilen und mit 210 g heißem Wasser übergießen, etwa 30 Min. stehen lassen. Genauso lange die Pilze in 100 g heißem Wasser einweichen. (Frische Pilze werden nicht eingeweicht.)
Brot mit Einweichwasser, Salz, Gewürzen und weiteren 100 g Wasser in einem Mixer pürieren. In einen Topf umfüllen, Pilze mit Einweichwasser hinzufügen. Knoblauchzehe schälen und in dünne Scheiben schneiden, ebenfalls dazugeben. Unter ständigem Rühren zum Kochen bringen, dann bei kleinster Einstellung 10 Min. köcheln.
Möhre und Paprika fein schneiden. Die Hälfte davon unter die heiße Suppe rühren, aber nicht mehr weiter erhitzen. Einen Teller füllen (es reicht für 2 Teller), mit der Hälfte der verbliebenen Gemüse bestreuen und mit Petersilie dekorieren.

Info:
Dieses Rezept bietet eine gute Möglichkeit, sich allmählich an Rohkost zu gewöhnen. Vom geschmacklichen Standpunkt spricht natürlich nichts dagegen, Möhren und Paprika mitzukochen.

55 g altes herzhaftes Brot
210 g heißes Wasser

10 g getrocknete Steinpilze (oder 100 g frische Pilze)
100 g heißes Wasser

1 TL Kräutersalz (s. S. 149)
1 Prise Muskatnuss
1/2 TL gem. Kümmel
100 g Wasser
1 Knoblauchzehe
1 Möhre (70 g)
1 Stück rote Paprika (55 g)
etwas gehackte Petersilie

Pizzasuppe

Geht sehr schnell, vor allem in Geräten wie dem Thermomix, die gleichzeitig erhitzen und pürieren können. Schmeckt richtig lecker und keiner käme auf die Idee, dass Pizzareste enthalten sind. Die Idee war aus Not geboren – das ergibt manchmal die leckersten Rezepte. Ich hatte noch eine kleine Pizza vom Vortag und überhaupt keinen Hunger auf so ein Stück aufgewärmte Pizza. In der Pfanne braten? Wollte ich auch nicht, ich hatte in den Tagen vorher schon dauernd Gebratenes gegessen. Da kam mir die Idee mit der Suppe – und das wird nicht das letzte Mal sein, dass ich einen Pizzarest so verwerte! Denn mit Beigaben wie Pilzen, frischen Tomaten, Dill usw. lassen sich viele leckere Variationen herstellen.

Pizzareste in Stücke schneiden, Knoblauchzehe schälen und klein hacken. Beides mit Wasser mixen und pürieren. Dann aufkochen und 2 Min. köcheln, nochmals sehr gut pürieren, bis alles glatt ist. Sahne unterziehen und die Suppe mit Salz abschmecken.
Möhre in feine Scheiben schneiden. Ein Drittel von Möhre und Petersilie unterrühren (Thermomix: auf „rückwärts" laufen lassen). Einen Suppenteller füllen, mit restlicher Möhre und Petersilie bestreuen. Nach Geschmack als Dekoration noch etwas Sahne einträufeln.

180 g Pizzareste (komplett mit Teig, Belag etc.)
1 Knoblauchzehe
300 g Wasser
2 EL Sahne
1/2 TL Salz
1 Möhre (70 g)
1 EL gehackte Petersilie

Info:
Wer mag, kann noch Pfeffer, Schwarzkümmel oder ähnliches hinzugeben.

Brot-Teigersatz

Hier geht es nicht darum, alte Brotstücke zu verwerten, sondern Zeit zu sparen. Was kostet Zeit an der Pizza? Die Herstellung des Teigs, genau! Nehme ich Brot statt Teig, spare ich mindestens eine halbe Stunde. Alle Rezepte der Brotverwertung des vorigen Kapitels lassen sich genauso gut mit frischem Brot herstellen, allein die Wassermenge ändert sich. Ganz simple Dinge wie Rösten in Butter oder Öl als Zugabe zum Salat runden diese Palette ab, ohne dass dafür ein Rezept erforderlich wäre. Wer jetzt eines der folgenden Rezepte nachmachen möchte, aber kein Brot hat: auch kein Problem. In den meisten Fällen reicht ein einfacher Nudelteig: Nehmen Sie Getreide und Flüssigkeit im Verhältnis 2:1 und salzen es leicht. Als Flüssigkeit empfiehlt sich ein Wasser-Öl-Gemisch (9 Teile Wasser, 1 Teil Öl). Eine Pizza mit diesem Teig, den Sie möglichst noch einige Minuten „leer" (blind) backen, wird besonders knusprig.

Wenn Sie frisches Brot nehmen, sollten Sie die Wassermenge erst einmal halbieren. Etwas hinzugeben ist einfach – das Wasser wieder aus dem Teig nehmen, unmöglich.

Brotpizza mit Steinpilzen (s. Foto S. 56)

Pilze 20 Min. in warmem Wasser einweichen. Die Quicheform mit Brot möglichst dicht auslegen, einfetten ist nicht nötig. Tomatenmark mit Olivenöl, zwischen den Händen zerriebenem Pizza-Gewürz, 1 guten Prise Salz und 2 EL Einweichflüssigkeit verrühren. Über das Brot verteilen.
Die Zwiebel schälen, in dünne Scheiben schneiden und auf die Tomatenmarkschicht legen. Pilze darüber schichten, leicht salzen. Tomate in dünne Scheiben schneiden, dachziegelartig auf die Pilze geben, schwach salzen und das Oregano-Öl darauf träufeln. Mit den Sprossen abschließen.
Die Pizza auf dem Gitterrost in den kalten Ofen schieben und 25 Min. bei 225 °C (Umluft) backen. In der Form servieren.

Für 1 Quicheform von 20 cm Durchmesser:
15 g getrocknete Steinpilze (oder 125 g frische Pilze)
175 g warmes Wasser
100 g dünne Scheiben Brot (max. 5 mm dick)
25 g Tomatenmark
2 EL Olivenöl
1 TL Pizza-Gewürz
1 Prise Salz
1 kleine Zwiebel (34 g brutto)
1 große Tomate (135 g)
3 TL Oregano-Öl (10 g; s. S. 151)
45 g Sonnenblumenkernsprossen

Brotlasagne (s. Foto S. 50)

Wenn Sie Lasagne gerne mit viel Soße essen, sollten Sie die Wassermengen in der Soße um die Hälfte erhöhen.

Brot so schneiden, dass es eine (viereckige) Lasagneform mit einer Schicht ausfüllt. Die Tomate halbieren. Eine Hälfte mit 1 Prise Salz, 1 EL Olivenöl und 25 g Wasser pürieren. Roggen flocken, unter die Tomatenmasse rühren und mit dieser Masse den Boden der Lasagneform ausstreichen.
Die zweite Tomatenhälfte in dünne Scheiben schneiden, darauf verteilen. Darüber kommt das Brot. Sonnenblumenkerne, Essig, 1 Prise Salz, 100 g Wasser und 1/2 EL Olivenöl im Mixer sehr gut pürieren und über das Brot gießen. Die Lasagne auf dem Gitterrost in den kalten Ofen schieben und 17 Min. bei 225 °C (Umluft) backen.
Inzwischen für den Nussparmesan Mandeln und Sonnenblumenkerne fein hacken (z. B. im Zerkleinerer). Hafer flocken, mit den Nüssen, Öl, 1 Prise Salz und 50 g Wasser verrühren. Ofen auf „Grill" bei 230 °C stellen, den Nussparmesan auf die weiße Soße geben, verteilen und die Lasagne noch 5–8 Min. überbacken, bis die Masse leicht goldgelb ist.

2 Scheiben Brot (115 g)
1 große Tomate (155 g)
ca. 2 Prisen Salz
1 1/2 EL Olivenöl
25 g Wasser
2 EL Roggen
30 g Sonnenblumenkerne
1 EL Essig
100 g Wasser
1/2 EL Olivenöl

Für den Nussparmesan:
10 g Mandeln
10 g Sonnenblumenkerne
1 EL Nackthafer
1/2 EL Öl
Salz
50 g Wasser

Tipp:
Wenn Sie dem Nussparmesan einen leichten Käsegeschmack geben möchten, können Sie ihn mit Schabzigerklee abschmecken.

Ofengemüse

ca. 230–250 g gemischtes Gemüse
(z. B. 30 g Blumenkohl, 70 g Möhren,
40 g Zuckerschoten, 20 g Frühlingszwiebeln,
70 g Porree)
1 Tomate (110–130 g)
125 g Brot
1 geh. TL Kräuterwürze (15 g) (s. S. 173)
1 TL Kräutersalz (s. S. 149)
250 g Wasser
15 g Olivenöl + Öl für die Form

Das Gemüse putzen und klein schneiden. In eine mit Öl ausgepinselte flache Auflaufform geben. Die Tomate in dünne Scheiben schneiden und auf das Gemüse legen. Das Brot in möglichst dünne Scheiben schneiden und die Oberfläche damit ausfüllen (je nach Größe der Form kann das etwas mehr oder etwas weniger sein). Kräuterwürze und -salz mit Wasser verquirlen, über das Brot gießen. Olivenöl darauf träufeln.
Die Form auf dem Gitterrost in den auf 175 °C vorgeheizten Ofen schieben und 40 Min. backen, das Gemüse ist dann bissfest. Wenn Sie es weicher möchten, einfach länger backen, das Gemüse 5 Min. vorkochen oder die Temperatur etwas höher stellen.

Pflaumenkuchen

Für 1 Springform von 18 cm Durchmesser:
150 g Brot
400 g große französische Pflaumen (netto; Zwetschgen gehen natürlich auch)
100 g Hafer
50 g Haselnüsse
1 geh. TL Trockenhefe
20 g Sonnenblumenöl
75 g Honig
1/2 TL Delisweet (s. S. 169)
125 g Wasser

Den Springformboden mit Backpapier überspannen, Rand fixieren. Brot in 8–9 mm dicke Scheiben schneiden und die Springform damit auslegen. Lücken mit „Bröckchen“ zukleben.
Pflaumen halbieren, entkernen und leicht versetzt auf den Brotboden legen.
Hafer in der Mühle, Haselnüsse in einem kleinen Mixer mahlen. Mit den restlichen Zutaten gut verrühren und über die Pflaumen gießen.
Die Form auf dem Gitterrost in den kalten Ofen schieben und den Kuchen 40 Min. bei 175 °C (Umluft) backen. Mit einem Messer vorsichtig am Rand der Springform entlangschneiden (Vorsicht bei beschichteten Springformen!), den Rand öffnen und den Kuchen auskühlen lassen. Schmeckt sehr gut mit geschlagener oder auch flüssiger Sahne.

Getreide

Nicht nur für Brot ist Getreide ein wertvoller Bestandteil. Jedes einzelne Getreide hat seine besonderen Mineralstoffe und Vitamine. Daher ist es günstig, wenn wir uns abwechslungsreich durch die einzelnen Sorten knabbern, wozu auch „unechte" Getreide wie Buchweizen, Amaranth oder Quinoa zählen.

Dank der Bestrebungen, vermehrt naturnah zu essen, gibt es heute auch verstärkt alte Sorten zu kaufen. So ist zum Beispiel Rotkornweizen seit wenigen Jahren wieder erhältlich, der vorzügliche Back- und Keimeigenschaften hat.

Viele, die bei dem Wort „Getreide" die Nase rümpfen, vergessen häufig, dass Nudeln auch nichts anderes sind als ein Getreidegericht. Ebenso sind Pfannkuchen und Waffeln Köstlichkeiten, die meist eine Getreidebasis haben. Aber wer zieht schon immer die Verbindung „Waffeln – Getreide", „Pfannkuchen – Getreide"? Und so droht neben dem Gesundheitsaspekt allmählich auch die Köstlichkeit des Getreides in Vergessenheit zu geraten.

Häufig ist heute die Verbindung Getreidekorn – Mehl in Vergessenheit geraten. Es ist gut, das wieder miteinander zu verbinden!

Getreide in der eigenen Küche

Bevor Sie sich einen Vorrat diverser Getreide in Vorratskammer und Küchenschrank anlegen, sollten Sie ein paar Wochen testen, welche Mengen und Sorten Sie wirklich über einen gewissen Zeitraum verbrauchen. Denn schneller, als Ihnen lieb ist, haben Sie sonst flatternde und kriechende Gäste im Haus! Fast jeder, der mit Getreide backt und kocht, hat sie schon beherbergt. Tritt das Problem immer wieder beim selben Lieferanten auf, sollten Sie sich doch einmal nach einem anderen Lieferanten umsehen. Ansonsten kann ich Glas- und Holzgefäße empfehlen. Regelmäßige Bewegung des Getreides, „einmal täglich umrühren“, wie häufig empfohlen wird, ist mehr oder weniger unpraktisch. Wer denkt schon jeden Tag daran?
Am Anfang hatte ich Last damit, heute ist es eher eine Seltenheit. Ich habe mir feste, verlässliche Lieferanten ausgesucht und gute verschließbare Glasgefäße bzw. Holzbehälter erworben.
Mit dem normalen Auszugsmehl aus dem Supermarkt passiert so etwas nicht. Und was bedeutet das letztendlich? Nichts anderes, als dass das weiße Mehl schon so tot und nährstofflos ist, dass nicht einmal die müdeste Getreidemotte Interesse daran hat. Auch das sollte zu denken geben.
Eine natürliche bzw. naturnahe Ernährung kann mit Getreide eine breite Palette von Köstlichkeiten bieten. Jedes der folgenden fünf Unterkapitel enthält genug „Sprengstoff“, um für sich allein einen Band prall mit Rezepten zu füllen. Auf Anhieb fallen mir sofort noch weitere Gerichte ein, die ich hier auch hätte vorstellen können: Calzone, Maultaschen, Milchreis, süße Aufläufe, armer Ritter, diverse Flammeries und Puddinge, Flammkuchen, Lauchtorten, Curries, Spätzle und mehr. Sie alle sind in ihrer naturnahen Variante noch viel köstlicher, weil die „Unterlage“ nicht ein fad schmeckendes Substrat ist, sondern einen dezenten Eigengeschmack mitbringt und so das Gericht aufwertet.
Sehr schmackhaft ist Getreide übrigens auch als Beilage. Ich habe das nicht extra als Rezept aufgeführt, weil es so einfach ist. Für die meisten Getreide gilt: 12 Std. einweichen, 45 bis 60 Min. kochen (je nach Getreideart) und nachquellen lassen. Um nur ein Beispiel zu nennen: Gekochter Dinkel passt gut zu Blumenkohl, Bohnen und Kohlrabi.

Getreide-Frühstück

Egal, wie die Menschen zur naturnahen Ernährung stehen, das Getreidefrühstück, oder auch Frischkorngericht genannt, findet immer großen Anklang – wenn sich die Menschen erst einmal dazu überwinden. Der schlechte Ruf des „Körnerfressens“ eilt diesem Gericht leider voraus. Wer es dennoch einmal über eine Weile regelmäßig in sein Leben einführt, stellt binnen kurzer Zeit fest: Rohes Getreide ist nicht nur ein wichtiger Energiespender, sondern enthält auch wertvolle Nährstoffe. Ich konnte diese Erfahrung ganz drastisch machen, als ich eine Weile mal nicht dazu kam und keine Lust hatte, rohes Getreide in den Tagesablauf einzubringen. Allmählich bekam ich nachts immer stärker werdende Wadenkrämpfe, ohne dass ich zunächst einen Zusammenhang sah. Kaum hatte ich mit dem Frühstück wieder angefangen, war's mit den Wadenkrämpfen vorbei. Nichts überzeugt mehr als eine solche Erfahrung am eigenen Körper.

Dieses Frühstück sättigt lang anhaltend, ohne zu ermüden, und verleiht reichlich Energie.

Haselnussfrühstück à la Schnitzer

30 g Haselnüsse und Wasser zum Einweichen (Haselnüsse sollen bedeckt sein)
110 g Wasser
60 g Sechskorngetreide
1 unbehandelte Apfelsine (145 g netto)
2 TL Zitronensaft
1 Apfel (100 g)

Am Abend vorher Haselnüsse in etwas Wasser einweichen. 110 g Wasser in eine kleine Schüssel geben, Sechskorngetreide mittelfein schroten und in das Wasser laufen lassen und wenn nötig mit einer Gabel herunterdrücken. Abgedeckt über Nacht stehen lassen. Am Morgen Apfelsine schälen und halbieren, von einer Hälfte drei dünne Halbscheiben abschneiden. Die andere Hälfte mit einem halben Apfel und dem Zitronensaft in einem kleinen Mixer pürieren. Drei Haselnüsse beiseitelegen. Restliches Obst in Würfel schneiden und mit den abgetropften Haselnüssen verrühren, Oberfläche glätten. Die Apfelsinenscheiben leicht überlappend in die Mitte des Gerichts legen, jeweils 1 Haselnuss darauf setzen.

Info:
Nüsse sollen Substanzen enthalten, die Verwertung und Verdauung behindern. Das halte ich jedoch für ein Märchen, denn die Begründung ist nicht stichhaltig. Ich weiche sie ein, weil das gerade festen Nüssen wie z. B. Mandeln einen sehr frischen Geschmack verleiht.

Frischkorngericht nach Bruker

(s. Foto S. 64)

Dieses Frühstück ist der Grundstock für eine fitte Lebensweise. Immer wieder höre ich Neulinge erstaunt sagen: „Das ist ja enorm, ich bin endlich über mehrere Stunden satt und voller Energie!“ Wichtig ist, dass Sie das Getreide auch einmal wechseln, wenn Sie nicht sowieso eine Mehrkornmischung verwenden. Das sind nicht nur Geschmacks-, sondern auch Inhaltsstoffvarianten, die sich wertvoll ergänzen. Es gibt Menschen, die eingeweichtes Getreide überhaupt nicht mögen. Dann sind frische Flocken ein guter Einstieg. Hafer und Buchweizen können auch unverarbeitet verzehrt werden, was sich auf Reisen als nützlich erweisen kann.

3 EL Getreide (50 g; ich nehme Sechskorngetreide, eine Mischung aus Buchweizen, Weizen, Hafer, Roggen, Gerste und Dinkel)
70–80 g Wasser
10 g Zitrone (geschält, ohne Kerne)
1 EL Sahne
10 Mandeln
1 Apfel (85 g)
1 Banane (125 g netto)

Für die Dekoration:
8 Haselnüsse
2 TL Sahne
etwas abgeriebene Schale einer unbehandelten Zitrone

Das Getreide in einer Mühle mittelfein schroten. Wichtig ist, dass es erst unmittelbar vor der Zubereitung zerkleinert wird. Wer keine Getreidemühle hat, kann nach Bruker auch eine alte Kaffeemühle nehmen. Aber wer hat die heute noch? Kleine preiswerte Mixer tun es für eine Übergangszeit, zum „Auszuprobieren“, auch. Dann das Getreide mit 70–80 g Wasser verrühren. Abgedeckt 4–8 Std. stehen lassen, aber nicht in den Kühlschrank stellen. In dieser Zeit entwickeln sich wertvolle Enzyme, die im Kühlschrank nicht entstehen können. Gut geht das auch über Nacht, dann ist das Getreide für das Frühstück fertig. Zitrone, Sahne, Mandeln und Apfel zusammen in einem kleinen Mixer pürieren (oder den Apfel auf einer Reibe reiben und 1 EL Zitronensaft nehmen). Püree unter den Schrot rühren, die Banane schälen, in Stücke schneiden und unterziehen.

Tipp:
Das Gericht zum Beispiel mit Nüssen und abgeriebener Zitronenschale dekorieren bzw. noch mit etwas Sahne übergießen.

Getreide–Herzhaft

Sagte ich eingangs, jedes dieser Unterkapitel könnte ein eigenes Buch füllen? Mit Rezepten für herzhaftes Getreide alleine könnte ich locker mehrere Bände füllen. Für Bratlinge gibt es sogar schon ein Rezeptbüchlein (wenn auch nicht nur mit Getreidebratlingen). Wenn Sie sich nur die wenigen Rezepte hier durchlesen, können Sie erahnen, in welchen Mahlzeiten überall Getreide steckt, ohne dass Sie gleich denken: „Oh, ich esse jetzt Getreide, bin ich jetzt ein Körnerfresser?" Das reicht von Pfannkuchen und Waffeln über Klöße, Bratlinge, Beilagen bis zu Suppen. Mag sein, dass es irgendwo das eine oder andere Volk gibt, das umgebungsbedingt kein oder kaum Getreide isst. Im Allgemeinen nimmt Getreide aber immer eine herausragende Stellung in der Ernährung aller Völker und Volksgruppen ein, was sicher auch an seiner Vielseitigkeit liegt.

Es hat seinen Sinn, dass Getreide ein Grundnahrungsmittel ist. Denn es ist nicht nur eine eigenständige Mahlzeit, sondern anpassungsfähig an viele andere Gerichte.

Grünkernsuppe

Eine schmackhafte Suppe, die besonders schnell geht – in 10 Min. ist sie fertig. Womit sich wieder einmal zeigt: Gute Ernährung ist kein Zeitfresser.

Grünkern fein schroten, Kürbiskerne hacken und beides in einem trockenen Topf bei mittlerer Hitze rösten, bis der Grünkern sich anfängt zu verfärben. Gurke mit Salz und Wasser zu einer glatten Flüssigkeit mixen und portionsweise in den Topf zum Grünkern geben, dabei mit einem Schneebesen durchschlagen. Etwa 2–3 Min. köcheln, dann mit Muskat abschmecken. Einen Teller füllen, mit Petersilie bestreuen und in die Mitte nach Geschmack etwas Creme fraiche oder Sahne geben.

35 g Grünkern
20 g Kürbiskerne
100 g Salatgurke
1 gute Prise Salz
250 g Wasser
1 Prise Muskatnuss
etwas gehackte Petersilie
1–2 TL Creme fraiche oder Sahne

Tipp:
Statt Kürbiskernen und Gurke sind Sonnenblumenkerne mit Tomaten eine schmackhafte Variante.

Gerstenbratlinge

Getreidebratlinge sind mit Birkenstock-Latschen und Frischkornmüsli sozusagen das humoristische Aushängeschild für die Vollwertanhänger. Dabei haben die Bratlinge es wirklich nicht verdient, so im Zentrum des Spotts zu stehen, denn gut gemacht, schmecken sie köstlich. Frisch, heiß oder auch lauwarm bis kalt sind sie ein Genuss. Allerdings kommt es auch hier darauf an, dass sie lecker zubereitet werden. Ich mag die Bratlinge gerne mit Biss.
Kaum lagen die Gerstenbratlinge heiß auf dem Teller, musste ich achtsam sein, denn ich wollte sie noch fotografieren: Einen hatte ich dem Kollegen zum Probieren gegeben und ich konnte seinem Gesichtsausdruck entnehmen, dass ich sehr aufpassen musste, dass noch ein paar als Fotomodelle übrig blieben.
Bratlinge sind auch eine praktische Möglichkeit, um beispielsweise einen Kohlstrunk zu verarbeiten!

125 g Nacktgerste
125 g Weizen
350 g kochendes Wasser

100 g Mandeln
1 kleine Zwiebel (35 g netto)
2 gestr. TL Kräutersalz (s. S. 149)
frisch gem. Pfeffer
1–2 EL gehackte Petersilie (15 g)
50 g Wirsing- und Blumenkohlstrunk
2 EL Leinsamen (25 g)
50 g Wasser

3–6 EL Erdnussöl zum Ausbraten (je 2–3 pro „Fuhre“)

Getreide mischen und mittelgrob schroten, den Schrot mit 350 g kochendem Wasser übergießen. Gut durchrühren, mit einem Handtuch abdecken und mindestens 3 Std. quellen lassen (je nach Getreide kann das auch schneller gehen).
Mandeln hacken (im Zerkleinerer), Zwiebel schälen, in feine Würfel schneiden und beides mit Salz und Pfeffer unter den Schrot rühren. Petersilie hacken, Strunk in feine Teile schneiden und mit Leinsamen und Wasser einkneten. Mit einem Esslöffel Portionen abnehmen und mit den Händen zu festen Kugeln formen (ergab bei mir 15 Bratlinge).
In einer Pfanne (24 cm) je 2–3 EL Erdnussöl auf der höchsten Stufe erhitzen, bis es so heiß ist, dass sich an einem Holzstiel Bläschen bilden. Sieben Bratlinge in das Fett geben und die Hitze auf mittlere Einstellung reduzieren, Deckel auflegen. Nach 5 Min. die Bratlinge mit einem Pfannenwender wenden und auf der anderen Seite ebenfalls 5 Min. braten, wieder mit aufgelegtem Deckel.
Wenn die erste Pfanne fertig ist, eventuell vorhandene Krümel aus der Pfanne schütteln (die würden sonst beim nächsten Zyklus verbrennen), neues Öl hinzugeben und die restlichen Bratlinge braten. Die Bratlinge sollten auf beiden Seiten schön gleichmäßig braun sein.

Pfannkuchen mit Blumenkohlsoße

Weizen in der Mühle, Linsen zusammen mit den Cashewnüssen in einem kleinen Mixer fein mahlen. Alle Teigzutaten im Mixer zusammen gut mischen und zum Quellen stehen lassen, bis die Soße fertig ist.
Blumenkohl waschen, in grobe Stücke schneiden und mit den anderen Zutaten im Mixer zu einer zähflüssigen Soße schlagen.
In einer kleinen Pfanne (20 cm) 1–2 EL Öl auf höchster Stufe erhitzen, bis sich an einem Holzstiel kleine Bläschen bilden. Dann die Hälfte des Teigs hineingeben, möglichst schnell auf dem Boden verteilen. Deckel auflegen, Hitze etwas herunterstellen und den Pfannkuchen 2 Min. backen. Nach 1 Min. den Teig vorsichtig mit einem Pfannenspatel vom Boden lösen. Mit zwei Spateln vorsichtig drehen, Deckel auflegen und den Pfannkuchen noch 2 Min. braten.
Für den zweiten Pfannkuchen genauso vorgehen, nochmals 1 EL Öl in die Pfanne geben. Die Bratzeit ist jetzt etwas kürzer.
Die Pfannkuchen mit Sprossen, Frühlingszwiebelringen und Soße füllen (es darf ruhig etwas davon aus dem Pfannkuchen fließen) oder die Pfannkuchen neben der Soße anrichten.

Für den Teig:
50 g Rotkornweizen (oder Weizen)
10 g rote Linsen, 10 g Cashewnüsse
1/2 TL Kräutersalz
10 g Olivenöl, 100 g Wasser
3–4 EL Erdnussöl zum Ausbacken

Für die Blumenkohlsoße:
100 g Blumenkohl
10 g Zitrone (geschält, ohne Kerne)
2 gute Prisen Salz
10 g Olivenöl
10 g Cashewnüsse
75 g Wasser

Für die Füllung:
50 g Dinkelsprossen (Keimzeit ca. 48 Std.)
1 Frühlingszwiebel (ca. 20 g)

Klöße mit grüner Soße

Einkorn fein mahlen. Mehl mit Salz und Backpulver mischen. Öl, Mandelmus und Wasser zur Mischung hinzufügen und alles zu einem festen Teig verkneten. Abgedeckt in einer Schüssel 30 Min. ruhen lassen. 1 1/2 Liter Salzwasser aufkochen. Teig in vier Stücke teilen und daraus Klöße formen, in das Wasser geben. Temperatur so tief stellen, dass das Wasser nicht mehr sprudelt, und die Klöße 10–15 Min. im siedenden Wasser ziehen lassen. Zwischendurch die Klöße vorsichtig wenden. Die Klöße herausnehmen und in einem Sieb kurz abtropfen lassen. Die Soßenzutaten in einem kleinen Mixer gründlich verquirlen (etwa 45 Sek.). Für eine Portion zwei Klöße auf einen Teller geben, mit Soße, Möhren und Petersilie dekorieren.

Für die Klöße:
125 g Einkorn
1–2 Prisen Salz, 1 TL Weinstein-Backpulver
1 EL Sonnenblumenöl
15 g Mandelmus, 60 g Wasser

Für die Soße:
20 g Mandelmus
15 g Zitronenscheibe (geschält, ohne Kerne)
10 g Sonnenblumenöl
40 g Wasser
1 Prise gem. Koriander, 1 Prise Muskatnuss
25 g Petersilienstängel

Für die Dekoration:
30 g Möhren in Scheiben, etwas Petersilie

Pizza Margaritalein

Für 1 große oder 2 kleine Portionen:

Für den Teig:

105 g Weizen, 20 g Einkorn (oder ebenfalls Weizen)
3 g Trockenhefe (1 TL),
1 gestr. TL Kräutersalz (s. S. 149)
15 g Olivenöl, 65 g Wasser
Öl für die Form

Für Belag 1:

15 g getrocknete, in Öl eingelegte Tomaten (oder 1/2 frische)
15 g Olivenöl, 1/2 TL Salz, 60 g Wasser
10 g Wirsing- oder anderer Kohlstrunk
1 TL Paprikaflocken oder Paprikapulver, edelsüß

Für Belag 2:

1 große Tomate (140 g), 1–2 Prisen Salz
1 TL Pizzakräuter

Für Belag 3:

30 g Sonnenblumenkerne, 1/2 TL Salz
100 g Wasser, 1 gestr. TL Paprikapulver, edelsüß
15 g Zitrone (ohne Schale oder Kerne)

Getreide fein mahlen, mit den anderen Teigzutaten zu einem weichen Teig verarbeiten, mindestens 5 Min. kneten. Zu einer Kugel formen und abgedeckt 30 Min. gehen lassen. Der Teig sollte jetzt sichtbar größer und weich sein.
Nochmals kurz durchkneten. Auf die Größe einer Pizza- oder zweier Quicheformen (18 cm) ausrollen, wenn nötig Streumehl verwenden. Die Form(en) mit Öl einpinseln, den Teig hineinlegen und einen kleinen Rand hochziehen. Mit der Gabel einige Male einstechen.
Die Zutaten für Belag 1 in einem kleinen Mixer mit dem hochstehenden Messer glatt schlagen, auf dem Teig verstreichen. Für Belag 2 die Tomate in Scheiben schneiden, auf dem Teig verteilen (deckt nicht ganz ab). Mit etwas Salz und Pizzagewürz (zwischen den Händen verreiben, damit sich das Aroma entfaltet!) bestreuen. Die Zutaten für Belag 3 mit einem kleinen Mixer 45 Sek. durchmischen und auf der Pizza verteilen.
In den kalten Ofen schieben und 23–28 Min. bei 225 °C (Umluft) backen, bis die Oberfläche eine leicht goldene Farbe angenommen hat.

Tipp:
Wer keinen „käseartigen“ Belag wünscht, kann die Pizza ohne Belag backen und 5 Min. vor Ende der Backzeit eine Mischung aus 20 g fein gehackten Mandeln, 20 g geflockten Sonnenblumenkernen, 30 g geflocktem Nackthafer, 1 EL Olivenöl, 100 g Wasser und 1 gestr. TL Kräutersalz darauf verteilen.

Einkornwaffeln mit Pfifferlingen

Mit Vollwertbesuch kochen kann Spaß machen. Waffeln – das stand den ganzen Tag schon fest, aber was sollten wir dazu essen? Vor dem Essen sind wir durch die Stadt geschlendert und entdeckten plötzlich: herrliche Pfifferlinge. „Zwiebeln hast du sicher", meinte meine Freundin. Nö, hatte ich nicht. Also sind wir in den nächsten Supermarkt gegangen, um Zwiebeln zu kaufen. Die gab es aber nur in Riesenpaketen abgepackt. Schalotten in kleinen Päckchen, ich fühlte dran: alt und eingetrocknet. Da fiel mein Blick auf Frühlingszwiebeln ... Beim Abschmecken der Soße gab mir meine Freundin, die eine Pilzkennerin ist, den Tipp: Senf schmeckt gut dazu. Wie Recht sie hatte! Eine gar köstliche Mahlzeit, die uns beiden so gut geschmeckt hat, dass wir uns einig waren: Das geplante Haselnusseis, auf das wir uns auch den ganzen Tag gefreut hatten, wollten wir gar nicht mehr.

Für den Waffelteig:
100 g Einkorn
1 TL Leinsamen
1 EL Öl
140 g Wasser
1 Prise Salz
Öl für das Waffeleisen

Für die Pfifferlinge:
200 g Pfifferlinge
etwas Mehl
3 Frühlingszwiebeln (60 g netto)
4 EL Sonnenblumenöl
65 g Sahne
1/2 TL Salz
1/2 TL Senf (s. S. 174)
1 gestr. EL Cashewnussmus

Einkorn mit Leinsamen mahlen und mit den restlichen Teigzutaten verrühren. Der Teig sollte flüssiger sein als ein guter Rührteig. Etwa 10–15 Min. ruhen lassen.
Ein Waffeleisen aufheizen, mit etwas Öl einfetten und den Teig hineingeben. In meinem Waffeleisen für Brüsseler Waffeln dauerte es etwa 10 Min., bis die Waffeln fertig waren, d.h. sie waren gar und gerade an den Spitzen goldgelb.
Pfifferlinge in einem Sieb mit Mehl bestäuben, mit Wasser abspülen und auf einem Küchentuch trocknen. Noch vorhandenen Schmutz entfernen, größere Pfifferlinge klein schneiden, Zwiebeln in Ringe schneiden.
Öl in eine Pfanne (24 cm) geben und Pilze und Zwiebeln hineingeben. Deckel auflegen, bei höchster Einstellung zum Kochen bringen. Sobald Dampf unter dem Deckel oder durch die Abdampföffnung austritt, auf kleinste Einstellung drehen und 7 Min. köcheln. Sahne, Salz, Senf und Nussmus einrühren, nochmals aufkochen lassen.

Reis mit Bolognese-Soße

100 g Naturreis
200 g Wasser
1 Prise Salz

1 Tomate (90 g)
1 kleines Stück rote Paprika (15 g netto)
1/2 kleine Zwiebel (20 g netto)
1/2 TL Kräuterwürze (s. S. 173)
125 g Wasser
1/2 gestr. TL Salz
2 EL Oregano-Öl (s. S. 151)
etwas frisch gem. schwarzer Pfeffer
1 TL Paprikapulver, edelsüß
1 Prise Muskatnuss
1 Msp. Zimt
20 g Grünkern
frische Petersilie

Vollwertreis, das ist keine Frage, braucht länger zum Garen als geschälter weißer Reis. Für die schnelle Küche eignet er sich daher nur bedingt. Wenn man aber ein bisschen plant, d.h. ihn früh genug einweicht, kann man die Kochzeit so verringern, dass man in dieser Zeit den Rest der Speisen vorbereitet hat. Denn Arbeit machen weder Einweichen noch Kochen.

Reis 12 Std. vor dem Kochen im Wasser in einem Topf einweichen. Mit der Prise Salz zum Kochen bringen, dann auf kleinster Einstellung 30 Min. erhitzen. Herd ausschalten und den Reis noch mindestens 15 Min. bei geschlossenem Topf nachquellen lassen, dabei bleibt der Deckel auf dem Topf liegen und der Topf auf der Herdplatte stehen. Tomate, Paprika und geschälte Zwiebel klein schneiden. Mit Kräuterwürze und Wasser zum Kochen bringen. Dann auf kleinster Einstellung 15 Min. köcheln. Mit Salz, 1 EL Öl und Gewürzen im Mixer pürieren. Grünkern flocken, in einer kleinen Pfanne rösten, bis er anfängt zu duften und sich ganz leicht verfärbt, dann das restliche Öl und schließlich die Tomatensoße dazugeben. 1–2 Min. köcheln und zum Reis servieren. Mit Petersilie dekorieren.

Info:
Zimt als Gewürz für herzhafte Speisen ist in den nordeuropäischen Ländern eher ungewohnt, in indischen Gewürzmischungen ist er dagegen ein fester Bestandteil. Wer sich nicht sicher ist, fängt mit einer ganz winzigen Prise an! Zimt verleiht der Mahlzeit eine aparte Note, vor allem auch dem deftigen Grünkern. Wer die Soße etwas feiner im Geschmack wünscht, nimmt Roggen statt Grünkern.

Dicke Bohnen mit Roggenhack

Roggenflocken haben ein starkes „Hackfleisch-Feeling“ und auch einen solchen Geschmack. Das entdeckte ich eines Tages per Zufall, als ich Weißkohl mit Roggenflocken ausprobierte. Es schmeckte wie die Hackfleischgerichte „früher zu Hause“, ich war überrascht.

100 g Wasser
1 Tomate (90 g)
500 g Dicke Bohnen (150 g netto)
150 g Kartoffeln
1/2 Zwiebel (25 g netto)
30 g Roggen
1 EL Zitronensaft
2 EL Oregano-Öl (s. S. 151) oder Olivenöl
1 TL Kräutersalz (s. S. 149)
frisch gem. Pfeffer
1 EL gehackter. Schnittlauch
1 EL gehackter Dill

Wasser in eine etwas höhere Pfanne geben. Tomate klein schneiden, hinzufügen. Bohnen auspuhlen. Kartoffeln unter fließendem Wasser gut abbürsten und in Stücke, die Zwiebel in Würfel schneiden. Das zerkleinerte Gemüse über die Tomate geben.
Roggen flocken und darüber streuen. Deckel auf die Pfanne legen und das Gemüse auf größter Einstellung zum Kochen bringen, bis Dampf unter dem Deckel oder durch die Abdampföffnung entweicht. Herdplatte auf kleinste Einstellung drehen und das Gemüse 15 Min. dünsten, ohne den Deckel anzuheben. Zitronensaft, Öl, Salz, Pfeffer und Schnittlauch gut unter das Gemüse rühren, damit auch der trocken aussehende Roggen angefeuchtet wird. Mit Dill bestreut servieren.

Hirsekugeln (s. Foto S. 66)

Das waren spannende Kugeln: Ich war zum Kochen eingeladen, hatte alle Zutaten mitgebracht und stand plötzlich – oh Graus! – vor einem Gasofen. Zum Glück ist auch hier die Technik weitergediehen, ich kenne noch Gasherde aus meiner Studentenzeit, wo ich mit einem Anzünder rumfuchteln musste. Dem guten Geschmack hat die mir unbekannte Technik zum Glück nicht geschadet.

75 g Hirse
190 g Wasser
35 g Möhre
1 TL Oregano-Öl (s. S. 151)
1 TL Kräutersalz (s. S. 149)

Hirse mit dem Wasser zum Kochen bringen. Einmal durchrühren, Deckel auflegen und auf kleinster Einstellung 20 Min. quellen lassen (beim Elektroofen nach 10 Min. die Hitze ganz abstellen).
Die Möhre in feine Streifen raffeln, mit Öl und Salz unter die Hirse rühren. Hirse in zwei mit kaltem Wasser ausgespülte Tassen drücken und stürzen. Schmeckt als Beilage zu Gemüsegerichten, aber mit einer veganen Remoulade, saurer Sahne mit Kräutern oder ein bisschen zerlassener Butter auch für sich alleine!

Getreide-Süß

Wer denkt, wenn er einen klassischen Schokoladenpudding genießt, dass er ein Getreidegericht vor sich hat? Wer schlendert durch Paris, kauft sich ein Crêpe Suzette und denkt dabei an Getreide? Wenn diese Leckereien auch meist mit Auszugsmehl hergestellt werden, so ist die Grundlage hier doch genauso gut wieder das Korn. Die meisten Menschen sind überrascht, wie einfach es ist, knusprige Pfannkuchen oder Waffeln ohne Ei zu backen. Auch ich habe anfangs verschiedenste Ersatzmittel ausprobiert (Sojamehl, Lupinenmehl, Banane). Die Ergebnisse stellten mich nicht zufrieden. Als ich dann schließlich einfach das Ei bzw. die Eier wegließ, merkte ich: So schmeckt das gut, Ersatz ist (mal wieder) gar nicht nötig. Wer dennoch Probleme mit dem Teigzusammenhalt bekommen sollte, kann zusammen mit dem Getreide ein wenig Leinsamen mahlen. Zerkleinerter Leinsamen quillt mit Feuchtigkeit auf und kann so damit die Bindefähigkeit von Eiern ersetzen.

Außer in Baiser und Omelettes wüsste ich kein Gebäck, in dem Eier wirklich erforderlich sind.

Crêpes mit Johannisbeerfüllung

Meine ersten Vollwert-Crêpes habe ich vor etwa zwei Jahren bei einer Freundin gegessen, es gab sie damals mit einer Spinatfüllung. Ich war begeistert, schrieb mir das Rezept auf. Wieder zu Hause, wollte ich sofort ein Rezeptvideo für YouTube drehen. So etwas Köstliches möchte ich doch meinen Mitmenschen nicht vorenthalten! Der Film ist bis heute nicht erschienen – denn die Crêpes gelangen mir einfach nicht. Sie backten an, der Teig war zu dick, zu hart, wölbte sich in der Pfanne. Ein Jahr lang habe ich resigniert. Dann aber packte mich der Ehrgeiz. Mittlerweile weiß ich, was mein Fehler war: Der Teig war zu fest und ich hatte zu viel Fett in der Pfanne. Crêpes brate ich jetzt nur noch in beschichteten Pfannen mit sehr wenig Fett – dann klappt es auch! Wichtig ist für Ungeübte eine Pfanne mit möglichst niedrigem Rand. Nicht ohne Grund sind die Profi-Crêpes-Pfannen randlos!

25 g Dinkel
25 g Einkorn
1 gestr. TL Leinsamen
1 sehr kleine Prise Salz
100 g Wasser
125 g rote Johannisbeeren
30 g Honig
etwas Erdnussöl zum Ausbacken

Für die Dekoration:
1 kleine Feige
1–2 TL Creme fraiche

Dinkel, Einkorn und Leinsamen mischen und fein mahlen. Mit dem Salz mischen, dann langsam das Wasser unterrühren. Mit der Gabel schlagen, bis der Teig glatt ist. Abgedeckt mindestens 30 Min. stehen lassen. Gut sind Zeiten zwischen 1–2 Std.
Inzwischen Johannisbeeren, gewaschen und abgezupft, mit dem Honig in einem kleinen Mixer zu einer glatten Creme schlagen. Bei größeren Mengen bietet sich ein Hochleistungsmixer an, dann werden auch die kleinen Kerne in den Johannisbeeren zerkleinert.
2 TL Erdnussöl mit dem Pinsel in einer kleinen beschichteten Pfanne (20 cm) verteilen und auf höchster Stufe erhitzen. 2–3 EL Teig in die Pfanne geben und schnell dünn ausstreichen – das macht die Kunst bei Crêpes mit aus! Es erfordert ein wenig Übung. Die Hitze etwas herunterdrehen und den Crêpe backen, bis sich der Teig einfach mit einem Schaber auf dem Boden verschieben lässt. Crêpe umdrehen und auch die andere Seite backen.
Crêpe auf einen flachen Teller geben, mit Johannisbeermasse bestreichen und aufrollen. Mit einer kleinen durchgeschnittenen Feige dekorieren und etwas Creme fraiche dazugeben. Wer das Tiereiweiß komplett meiden möchte, nimmt Cashewnussmus statt Creme fraiche.

Info:
Die Johannisbeersoße dickt innerhalb kurzer Zeit nach, sodass sich Reste davon prima als Gelee aufs Brot eignen. Die Teigmenge ergibt vier kleine Crêpes. Die grelle Farbe der Johannisbeeren kommt wohl durch das Schlagen im Mixer.

Tipp:
Wichtig ist es, dass Sie bei gekochten Gerichten, in denen die Stärke dicken soll, den Honig mitkochen. Wenn Sie den Honig nicht mitkochen, verbleiben Enzyme darin, die die Stärke wieder verflüssigen.

Hafer-Nuss-Waffeln

Für den Teig:
50 g Weizen
40 g Hafer
10 g Leinsamen
20 g Haselnüsse
1 Prise Salz
1 Msp. Weinstein-Backpulver
40 g Sonnenblumenöl
105 g Wasser
30 g Honig
Öl für das Waffeleisen

Für die Aprikosensoße:
100 g Aprikosen (netto)
10 g Zitronensaft
25 g Honig

Weizen, Hafer und Leinsamen mischen und fein mahlen. Die Nüsse getrennt mahlen, alle trockenen Zutaten miteinander vermischen. Öl, Wasser und Honig dazugeben und den Teig mit dem Handrührgerät gut verrühren, 20–50 Min. zum Quellen stehen lassen.
Waffeleisen heiß werden lassen, die heißen Platten mit Öl einpinseln. Da ich ein Waffeleisen für zwei Brüsseler Waffeln genommen habe, passte der Teig auf einmal hinein. Ansonsten jeweils 3–4 EL Teig gleichmäßig auf der heißen Fläche verteilen und 7–8 Min. backen.
Für die Aprikosensoße die entsteinten Aprikosen mit Zitronensaft und Honig pürieren, eventuell kalt stellen.

Tipp:
Alternativ lässt sich auch eine Soße mit getrockneten, in etwas Wasser eingeweichten Trockenfrüchten oder frischen Äpfeln herstellen. Die Waffeln sind auch abgekühlt noch schön kross.

Schokoladenpudding

Geht super-fix, wenn man einen Hochleistungsmixer hat.

Alle Zutaten außer der Kiwi in den Mixer geben und auf der Höchststufe laufen lassen (etwa 4–5 Min.), bis die Masse stockt. Das erkennt man daran, dass es nicht mehr so hoch spritzt und „dumpfer" klingt. Auf drei bis vier kleine Schüsseln verteilen und abkühlen lassen. Gut 2–3 Std. kalt stellen.
Zum Servieren Kiwi schälen, in Scheiben schneiden und als Dekoration auflegen.

Tipp:
Wer es gerne sehr süß mag, nimmt 60 g Honig.

1 leicht geh. EL Kakao (15 g)
40 g Honig
50 g Buchweizen
20 g Cashewnussmus oder Cashewnüsse
350 g Wasser

Für die Dekoration:
1 goldene Kiwi

Getreide-Gekeimt

Das Keimen von Getreide ist besonders wichtig. Denn dann entwickelt sich dadurch eine breite Palette von Nährstoffen, die das Getreidekorn eigentlich seinem Sämling zukommen lassen will, die beim Essen dann mitverzehrt werden. Getreide ist dann wertvoll, wenn es keimt, d.h. nach 60 Std. etwa 95 Prozent der Körner Keime entwickelt haben. Bei manchen Getreidesorten ist es recht schwierig, keimfähige Sorten zu erhalten. Bekannte Problemfälle sind Hafer (Nackthafer), Gerste (Nacktgerste) und Hirse. Buchweizen schleimt zwar erst, aber nach dem ersten Ausspülen der Körner entwickeln sich die Keime ganz normal weiter. Frische Keime lassen sich in viele Gerichte integrieren, z. B. auch in Pfannkuchen wie oben auf dem Foto.

Wichtig für den Gesundheitswert und auch den Geschmack der Keime ist, dass sie nicht zu lang wachsen. Auf keinen Fall sollten sie bereits Blätter bekommen. 2–3 mm so heißt es bei vielen Autoren, andere Tipps lauten: Der Keimling soll nicht länger wachsen als der Samen.

Frühstück nach Dr. Evers

Für dieses Rezept weichen Sie das Getreide nicht ein, sondern lassen es keimen. Dadurch erhalten Sie besonders viele wertvolle Vitalstoffe. Da nicht alle Körner gleich schnell keimen, ist es nicht immer so einfach, genau abzuschätzen, wann sie lang genug sind. Ich habe festgestellt, dass die Keime in der Regel 48 Std. nach Ansetzen der Körner insgesamt die ideale Länge haben.

50 g Nacktgerste (Keimzeit ca. 48 Std.)
125 g Johannisbeeren
1 Nektarine (140 g brutto)
10–15 g Ananas (netto)
1 kleiner Apfel (100 g)
10 g Zitronenscheibe (geschält, ohne Kerne)
20 g Mandelmus
1 EL Sahne
1 dünne Mangoscheibe (30 g)

Gerste 48–60 Std. vorher zum Keimen ansetzen.
Am Morgen die Johannisbeeren waschen und abzupfen. Die Nektarine entkernen und in Würfel, die Ananas in feine Streifen schneiden.
Das geschnittene Obst und die Johannisbeeren mit den Gerstenkeimen mischen. Im kleinen Becher eines kleinen Mixers Apfel, Zitronenscheibe, Mandelmus und Sahne pürieren. Das Püree neben das Obst-Getreide-Gemisch legen und mit der Mangoscheibe dekorieren.

Leichter Salat mit Keimen

Keime und Sprossen sind echte Vitalstoffbomben. Da lohnt es sich, einmal durchzuprobieren, welche Sorten einem am besten schmecken. Ich selbst zum Beispiel esse nicht so gerne gekeimten Dinkel; Gerste und Buchweizen schmecken mir da schon viel besser.

100 g Kopfsalat
50–80 g Gerstensprossen (Rohware nimmt ca. 30–40 % an Gewicht zu)
30 g Macadamianussmayonnaise (s. S. 171)
3 EL Wasser
1 Prise Salz
1 TL Zitronensaft
20 g Schnittlauch

Salat waschen und gut abtropfen lassen, dann trockenschleudern. Das geht entweder in einer Salatschleuder oder in einem Küchenhandtuch. In mundgerechte Streifen schneiden, auf einen Teller legen.
Für das Dressing die Mayonnaise mit Wasser, Salz und Zitronensaft verrühren und über den Salat gießen. Die Sprossen obenauf legen. Schnittlauch in Röllchen schneiden und am Rand verteilen.

Getreide-Nudeln

Nudeln sind dank des Einflusses der Mittelmeerländer in unserer Küche mittlerweile mehr als einfach ein „herzhaftes" Getreide. Die Herstellung von Nudeln ist einfacher, als viele denken. Ich bekam vor wenigen Jahren von Freunden eine Nudelmaschine zum Geburtstag geschenkt. Ich las mir die Gebrauchsanleitung durch und dachte: Meine Güte, Nudeln sind doch so schnell herzustellen, warum soll ich da eine ganze Maschine anwerfen, die ich anschließend noch reinigen muss?
Mehle mit viel Kleber wie Hartweizen oder Emmer lassen sich zu Nudeln besonders gut verarbeiten. Wer ein bisschen Übung hat, kann sich auch ruhig an die anderen Getreide wagen. Der schwierigste Punkt ist gar nicht einmal das Ausrollen, sondern das Kochen. Dafür braucht man den Kleber, der die Nudel zusammenhält. Wenn Sie sorgfältig darauf achten, dass das Wasser nur siedet und nicht sprudelnd kocht, können Sie sogar aus Quinoa Nudeln herstellen.

Vom gesundheitlichen Standpunkt ist es besser, überzählige Nudeln einzufrieren als zu trocknen, der Vitalstoffverlust ist geringer.

Frittierte Kamutnudeln

Das Frittieren der Nudeln funktioniert nur mit dem frischen Nudelteig, einmal getrocknet muss man sie kochen. Beide Soßen können auch erhitzt werden, roh sind sie natürlich noch wertvoller.

Emmer und Kamut fein mahlen. Mit den restlichen Zutaten zu einem festen, geschmeidigen Teig kneten (dauert etwa 10 Min., bis der Kleber sich ausgelöst hat und der Teig wirklich geschmeidig wird). Abgedeckt 30 Min. ruhen lassen.
Den Teig in zwei Portionen dünn ausrollen. Auf einer glatten Fläche benötigt man dazu kein Streumehl. Mit einem Teigrädchen in Streifen beliebiger Länge schneiden und ein paar Minuten auf einem Kuchengitter antrocknen lassen.
Die Soßenzutaten jeweils in einem kleinen Mixer zu einer glatten Soße schlagen. Für die Senfsoße das flache, für die Tomatensoße das hoch stehende Messer benutzen.
Zum Frittieren der Pasta 300 g Erdnussöl in einem kleinen Wok oder einer kleinen Pfanne stark erhitzen, bis an einem Holzlöffel Bläschen hochsteigen. Nudeln hineingleiten lassen, mit einem Pfannenwender vorsichtig unter die Oberfläche drücken, sie blähen dann auf. Ab und zu wenden und herausnehmen, wenn sie hellgoldgelb sind (sie dunkeln nach). Auf ein Stück Küchenpapier legen und dann sofort mit einer der Soßen servieren.
Wahlweise können Sie die frischen Nudeln auch 3 Min. in kochendem Salzwasser sieden lassen. Abschrecken ist nicht nötig.

Tipp:
Wem diese Portion zu groß ist, kann die Hälfte an der Luft oder in einem Dörrgerät trocknen (Kochzeit dann 8–10 Min.) oder einfrieren.

Für den Nudelteig:
40 g Kamut
40 g Emmer
6 g Sonnenblumenöl
1 gute Prise Kräutersalz (s. S. 149)
34 g Wasser (mit dem Öl 40 g Flüssigkeit)

Für die Senfsoße:
25 g Sonnenblumenkerne
10 g Zitronenscheibe (geschält, ohne Kerne)
1/2 TL Salz
20 g Sonnenblumenöl
1 TL Senf (5 g; s. S. 174)
75 g Wasser

Für die Tomatensoße:
1 Tomate (75 g)
20 g Cashewnüsse
10 g Zitrone (geschält, ohne Kerne)
1 TL Paprikaflocken (fertig gekauft)
1 TL Paprikapulver, edelsüß
40 g Wasser

Außerdem: Öl zum Frittieren

Lasagne

Für die Nudeln:
40 g Emmer
40 g Grünkern
1/2 TL Salz
1 TL Olivenöl (5 g)
40 g Wasser
Öl für die Form

Für die Tomatensoße:
1 kleine Zwiebel (40 g brutto)
1 Knoblauchzehe
1 kleiner Kohlrabi (120 g netto)
1 Tomate (115 g)
30 g Roggen
1 EL Olivenöl
1 TL Paprikapulver, edelsüß
90 g Wasser
1/2 EL Tomatenmark (15 g)
1 TL Kräutersalz (s. S. 149)
1 Prise Muskatnuss
1/2 TL gem. Kümmel

Für die weiße Soße:
30 g Cashewnüsse
20 g Hafer
150 g Wasser
1 TL Salz
1/2 TL Schabzigerklee
1 Prise Muskatnuss
1–2 EL Öl Sonnenblumenöl

Meine erste Lasagne habe ich noch sehr umständlich zubereitet, einige Zutaten vorgekocht, vor allem auch die Nudelplatten. Das führte dazu, dass die gekochten Nudeln recht leicht reißen. Meine Devise „Eine vernünftige Mahlzeit darf bei mir 30 Min. Arbeitszeit möglichst nicht überschreiten" ließ mich weiter experimentieren. Wenn die Lasagne dafür jetzt etwas länger im Ofen stehen muss, finde ich das nicht so schlimm, denn diese Zeit kann ich ja anderweitig gut verwenden. Lasagne eignet sich auch gut, um sie noch roh einzufrieren.

Für die Nudeln das Getreide fein mahlen. Mit Salz mischen und mit Öl und Wasser zu einem nicht zu weichen Teig kneten. Zu einer Kugel formen, in eine Plastiktüte wickeln und 45 Min. ruhen lassen.
Den Teig halbieren (wiegen; jede Hälfte etwa 60–62 g) und die beiden Teigportionen auf einer glatten Fläche jeweils in Größe der Lasagneform ausrollen. Den Teig ab und zu umdrehen, immer wieder anheben, um zu kontrollieren, dass er nicht an der Unterlage klebt.
Für die Tomatensoße Zwiebel, Knoblauch und Kohlrabi schälen, mit der Tomate grob vorschneiden und im Zerkleinerer zerhacken. Roggen flocken. Mit den übrigen Zutaten für die rote Soße verrühren.
Für die weiße Soße alle Zutaten im Mixer gut verquirlen.
Fertigstellung: Eine Lasagne- oder andere geeignete Form einölen. Die Hälfte der roten Soße auf dem Boden ausstreichen. Eine Nudelplatte darauf legen. Eine Hälfte der weißen Soße darüber gießen, den Rest der roten Soße gefolgt von der zweiten Nudelplatte darauf legen und mit weißer Soße abschließen.
Die Form mit der Lasagne auf dem Gitterrost in den kalten Ofen schieben und bei 225 °C (Umluft) 30 Min. backen, zum Schluss noch 5 Min. grillen.

Tipp:
Die Lasagne ist sehr saftig. Wer dennoch mehr Soße möchte, nimmt von allen Soßenzutaten etwa 50 Prozent mehr.

Cannelloni mit Linsenfüllung

Für den Teig (2 Portionen):
60 g Rotkornweizen (oder Weizen)
60 g Emmer
10 g Leinsamen
1 Prise Salz
1 EL Sonnenblumenöl
70 g Wasser

Für die Füllung:
125 g Linsensprossen (Keimzeit ca. 48 Std.)
50 g Roggen
1 EL Sonnenblumenöl (12 g)
1/2 TL Salz, frisch gem. schwarzer Pfeffer
ca. 100 g Wasser

Für die Soße:
40 g Cashewnüsse
20 g Zitronensaft, 1/2 TL Salz
40 g Sonnenblumenöl
1/2 TL Kurkuma. 250 g Wasser

Getreide mit Leinsamen mischen und fein mahlen. Mit den anderen Teigzutaten verkneten, bis der Teig glatt ist. Abgedeckt ruhen lassen, bis die Füllung fertig ist. Roggen flocken.

Für die Füllung Linsensprossen und Roggenflocken in dem Öl anbraten, salzen, pfeffern und immer wieder Wasser dazugeben, bis die Linsen fast gar sind (etwa 10 Min.).

Den Teig halbieren. Jede Hälfte in sechs Teile teilen, in Breite der Auflaufform dünn ausrollen. Füllung in die Mitte legen, Rolle schließen, festdrücken und je sechs Stück in eine Lasagne- oder ähnliche geeignete Auflaufform legen.

Die Soßenzutaten – zuerst nur mit 100 g Wasser – in einem kleinen Mixer sehr gut schlagen. Das restliche Wasser hinzufügen, nochmals gut durchmixen und auf den Cannelloni verteilen. Gericht in den kalten Ofen auf den Gitterrost setzen und 30 Min. bei 200 °C backen.

Tipp:
Die Cannelloni lassen sich auch einfrieren, entweder in der Auflaufform oder flach nebeneinander gelegt in einer Plastiktüte (sie verkleben sonst). Wer eine Portion isst und eine einfriert, sollte sich für die aufgetauten Cannelloni nochmals etwa die halbe Menge Soße zubereiten.

Ravioli mit Tomaten-Blumenkohl-Soße

Emmer fein mahlen. Mit Salz, Wasser und Öl gründlich zu einem geschmeidigen Teig verkneten (mindestens 5 Min. lang). Abgedeckt 30 Min. bis 2 Std. stehen lassen.
In der Zwischenzeit die Zutaten für die Füllung zusammen in einem Mixer raffeln. Wie fein man das raffelt, liegt am persönlichen Geschmack.
Den Teig halbieren (wiegen, jeweils etwa 75 g). Zu zwei Platten etwa gleicher Größe und Form ausrollen. Man muss ein bisschen üben, um herauszufinden, wie dünn man hier ausrollt, weil die Ravioli im heißen Wasser leicht reißen. Wenn etwa zwölf Stück in Ravioligröße aus dieser Menge herauskommen, ist es gut, bei 16 Stücken ist der Teig zu dünn. Mit einem Messer die zwölf Stücke (4 x 3) markieren. In die Mitte jeweils etwas zusammengedrückte Füllung geben. Die zweite Platte darauf legen, mit einem Teigrädchen entlang der „Dellen" fest schneiden. Dann mit einem Tortenheber die einzelnen Ravioli anheben, die Ränder mit der Hand nachdrücken, Teigtaschen auf einen Gitterrost legen und antrocknen lassen.
Für die Soße 2 EL Wasser in eine kleine Pfanne gießen, das klein geschnittene Gemüse hinzugeben. Deckel auflegen, auf höchster Einstellung zum Kochen bringen. Sobald Dampf unter dem Deckel aufsteigt, auf kleinste Einstellung drehen und 10 Min. dünsten. Mit den restlichen Soßenzutaten in einem Mixer kurz durchmixen. Eventuell nochmal erwärmen (der Italiener sagt: „Die Soße wartet auf die Nudeln, nie umgekehrt.").
Wasser zum Kochen bringen, dann die Temperatur so herunterstellen, dass es nicht mehr kocht, aber noch Bläschen aufsteigen. Die Ravioli mit einem Pfannenwender vorsichtig ins Wasser gleiten lassen und insgesamt etwa 5 Min. ziehen lassen. Mit einem Pfannenwender oder Schaumlöffel herausnehmen und abtropfen lassen.

Tipp:
Mit speziellen Ravioliformen aus Kunststoff geht vor allem das Zusammendrücken der Ränder einfacher. Für den Anfang können Sie sich aber mit dieser einfachen Methode behelfen.

Für den Teig:
100 g Emmer
1/2 TL Kräutersalz (s. S. 149)
50 g Wasser
1 TL Sonnenblumenöl (= 5 g)

Für die Füllung:
15–20 g Petersilie, inklusive Stängel
40 g Möhre
1/2 TL Kräutersalz (s. S. 149)
1 EL Sonnenblumenöl
frisch gem. schwarzer Pfeffer
20 g Mandeln

Für die Soße:
2 EL Wasser
1 Tomate (100 g)
65 g Blumenkohl
1 geh. TL Kräuterwürze (s. S. 173)
Salz
75 g Wasser
2 TL Dinkelmehl

Gemüse gekocht

Gemüse ist eine Köstlichkeit – egal ob es kalt oder warm genossen wird. Das ganze Jahr hindurch werden wir mit vielen Sorten verwöhnt. Wer unbedingt will, kann mittlerweile sogar im Januar Tomaten kaufen. Wer sich stärker an der Natur orientieren möchte, kauft nach Saison und Region, wobei ich „Region" etwas weiter fasse als gerade den Umkreis der nächsten 50 oder 100 Kilometer. Für mich sind Aprikosen im Sommer durchaus regionales Obst, auch wenn sie aus Spanien kommen, denn in Deutschland wachsen praktisch keine. Andererseits sehe ich nicht ein, dass ich ein Gemüse wie Spargel, das ja hier auch heimisch ist, unbedingt zu Zeiten kaufen soll, in denen es bei uns nicht wächst.
In den letzten Jahren haben dank der Bio-Bewegung auch viele fast vergessene Sorten wieder Einzug in unsere Küche gehalten. Topinambur und Pastinaken, um nur zwei Beispiele zu nennen, sind heute kaum noch aus dem Bio-Sortiment wegzudenken.
Selbst Gemüsehasser bekennen auf Nachfrage häufig, dass es doch das eine oder andere gibt, das sie durchaus mögen.

Eine Bio-Gemüsekiste oder Bio-Gemüsetüte ist nicht nur praktisch: Sie ist auch voller Überraschungen und hilft gerade zögerlichen Gemütern, sich einmal an etwas Neues zu wagen.

Gemüse **in der eigenen Küche**

Viele Menschen kennen Rotkohl nur aus dem Glas, Spinat nur aus der Tiefkühltruhe. Mir ging das bis vor wenigen Jahren nicht anders. Obwohl meine Mutter bei uns zu Hause täglich kochte, kann ich mich nicht erinnern, jemals frischen Rotkohl gesehen zu haben. Eigenartig, denn er ist nicht schwieriger zu behandeln als Weißkohl. Auch hier war meine Ernährungsumstellung der Eintritt in eine neue, wesentlich farbigere Welt. Mein erster Bio-Lieferant hatte immer Überraschungen in der Tüte. Zum ersten Mal in meinem Leben hielt ich Mangold in der Hand. Was mache ich denn damit? Das Internet war da eine große Hilfe – und die Gemüsepfanne nach Waltraud Becker. Ihr Rezept zum schonenden Zubereiten von Gemüse zählte zu einer meiner größten Entdeckungen auf der Suche nach naturnaher Kost. Eine weitere wichtige Erkenntnis war für mich, dass alle Gemüse zueinander passen. So ähnlich, wie in der Natur auch die verschiedensten Farbtöne nebeneinander gut aussehen, während wir zu ähnlichen Varianten auf Stoffen oder Papier sagen: „Ih, die Farben beißen sich!"
Die Zahl der Gemüserezepte mag dem einen oder anderen klein erscheinen – im Prinzip ist aber eine Gemüsepfanne wie weiter unten beschrieben für alle Sorten anwendbar. Es lohnt auch, einmal nur eine Sorte zu dünsten und ihren ganz eigenen Geschmack zu erkunden. Dicke Bohnen, die ich früher nie gemocht habe, sind auf diese Weise plötzlich zu einem meiner Lieblingsgemüse geworden.

Die klassische Gemüsepfanne hat zwei Varianten:
(1) Gemüsepfanne mit Wasser
In eine flache Pfanne 5 EL Wasser geben. 300–500 g Gemüse putzen (nur wenige werden geschält), in handliche Stücke schneiden und nebeneinander in das Wasser setzen. Ohne Salz auf den Herd stellen, Deckel auflegen und bei höchster Einstellung zum Kochen bringen. Sobald Dampf unter dem Deckelrand oder durch die Abdampföffnung entweicht, Herdplatte auf die kleinste Einstellung drehen und 13–16 Min. dünsten. Auf keinen Fall zwischendurch den Deckel anheben! Die Länge der Dünstzeit richtet sich danach, ob Sie Gemüse lieber bissfest oder etwas weicher essen. Erst am Ende das Essen leicht salzen und etwas Butter oder ein gutes Öl hinzugeben.

(2) Gemüsepfanne mit Öl

Das Gemüse wird nach demselben Prinzip gegart, nur gibt man am Anfang statt Wasser 5 EL Öl in die Pfanne.

Bitte beachten: Bei allen Gemüserezepten wird mit geschlossenem Deckel gearbeitet, der während der Dünstzeit nicht angehoben werden darf.

Gemüse-Suppen

Aus sämtlichen Gemüsen können Sie auch eine Suppe herstellen. Suppen koche ich gerne, wenn es schnell gehen soll: Einfach rein in den Topf, Wasser hinzu ... und der Rest passiert förmlich von allein, denn ich muss mir über eine Soße oder Beilagen keine Gedanken machen. Mit den modernen Mixern ist es ein Leichtes, Cremesuppen herzustellen, die auch eine herrliche Methode der Resteverwertung sind.
Für die Vorratshaltung sind Suppen ebenfalls geeignet: Wann immer ich eine bunte Gemüsesuppe koche, bereite ich eine deutlich größere Menge zu. Dann kann ich nach dem Essen noch verschiedene Portionen einfrieren. Das Auftauen und Erwärmen einer tiefgekühlten Suppe geht fast ohne Qualitätsverluste für Auge und Zunge einher.
Für die Qualität des Essens ist frisch Gekochtes vorzuziehen. Aber jeder kennt das: Es gibt einfach Tage, wo man wirklich keine Zeit hat. Auch wenn Sie plötzlich Gäste bekommen, sind Tiefkühlsuppen – zusammen vielleicht mit einem Vorrat eingefrorener Brötchen – ein Rettungsanker!

Tiefkühlen ist eine der besten Konservierungsmethoden. Dennoch: Schauen Sie sich einmal an, wie tiefgekühlte Erdbeeren nach dem Auftauen aussehen, dann erkennen Sie ganz leicht, dass auch beim Tiefkühlen weitreichende Veränderungen stattfinden.

Blumenkohlcremesuppe

„Eine Blumenkohlcremesuppe? Wie langweilig", denkt da der eine oder andere. Mitnichten! Die vollwertige Ernährung gibt uns immer wieder die Möglichkeit, mit den natürlichen Zutaten zu spielen, weil wir wissen: Natur passt zu Natur. Die folgende Suppe kann ich Ihnen besonders empfehlen.
Die Herstellung habe ich hier einmal für den Thermomix beschrieben. Man kann natürlich auch im Topf kochen und anschließend in einem Mixer oder mit einem Pürierstab pürieren.

Für 2 Teller

200 g Blumenkohlröschen
8 g Ingwerscheiben, ungeschält
400 ml Wasser
20 g Zitronenöl (s. S. 151)
20 g Nusspaste (s. S. 160)
1–1 1/2 TL Kräutersalz (s. S. 149)
1 TL Curry (s. S. 168)
30 g rote Paprika
1 EL gehackte Petersilie

Blumenkohl in Röschen teilen. Mit Ingwer und Wasser 16 Min. bei der Einstellung 100 °C/Stufe 1 garen.
Zitronenöl, Nusspaste, Salz und Curry mit etwa 50 ml des Kochwassers in einem kleinen Mixer mischen, zum Blumenkohl geben. Einmal aufkochen. Einen Teller mit Suppe füllen und mit fein geschnittener Paprika und Petersilie bestreuen.

Info:
Wer Suppen gerne sehr sämig und dicklich isst, nimmt nur die Hälfte des Wassers, so wie das für das Foto gemacht wurde.

Gemüsemeldesuppe

200 g Gemüsemelde
1 kleine Kartoffel (35–40 g)
1/2 kleine Zwiebel (10 g netto)
1 Knoblauchzehe
300 g Wasser
1 TL Salz
2 EL Oregano-Öl (s. S. 151)
1 EL Zitronensaft
1 EL Cashewnussmus (15 g, s. S. 159)
1–2 EL Kichererbsensprossen (Keimzeit ca. 48 Std.)

Gemüsemelde gründlich waschen, abtropfen lassen und „auswringen“. In Streifen schneiden. Kartoffel unter fließendem Wasser gut abbürsten, in Scheiben schneiden. Knoblauchzehe schälen.
Gemüsemelde, Kartoffelscheiben, Zwiebel, Knoblauch und Wasser zum Kochen bringen und etwa 10–15 Min. köcheln, bis die Kartoffelscheiben weich sind.
Salz, Öl, Saft und Nussmus hinzugeben und die Suppe pürieren (Mixer oder Pürierstab).

Tipp:
Statt Gemüsemelde eignen sich auch Spinat und Mangold für diese Suppe.
Das Rezept ergibt zwei Teller Suppe, die man mit Sprossen garnieren kann.

Sommersuppe (s. Foto S. 89)

Tomate und Aubergine in Würfel schneiden. Zwiebel und Knoblauch schälen, in Scheiben schneiden.
Mit Lorbeerblatt, Kräuterwürze und Wasser (Deckel liegt auf) zum Kochen bringen. Auf kleinster Einstellung 15 Min. dünsten.
Die fertige Suppe mit Zitronensaft, Oregano-Öl und Salz abschmecken. Schnittlauch unterrühren.

Infos:
Das Rezept ergibt einen Suppenteller und reicht mit Brot als leichte Hauptmahlzeit. Die Suppe schmeckt bei heißem Wetter auch kühl aus dem Kühlschrank.
Ähnliche Suppen lassen sich in anderen Jahreszeiten jeweils mit Gemüse der Saison herstellen, dabei sollte das Gemüsegesamtgewicht ohne Zwiebel bei etwa 150 g liegen.

- 1 Tomate (100 g)
- 1 Stück Aubergine (60–70 g)
- 1/2 Zwiebel (30 g netto)
- 1 Knoblauchzehe
- 1 kleines Lorbeerblatt
- 1 TL Kräuterwürze (s. S. 173)
- 175 g Wasser
- 1 EL Zitronensaft
- 1 EL Oregano-Öl (s. S. 151)
- 1/2 TL Salz
- 1 EL gehackter Schnittlauch

Tomatencremesuppe

Ein Dauerbrenner bei Suppen. Hier einmal ein wenig anders gewürzt.

Tomate und Paprika klein schneiden, Zwiebel schälen und in Würfel schneiden. Alles mit Kräuterwürze und Wasser zum Kochen bringen. Herdplatte auf kleinste Einstellung drehen und die Suppe 15 Min. köcheln.
Mit Salz, Öl und Gewürzen, Zitronensaft und der klein geschnittenen Aprikose im Mixer pürieren. Wer möchte, kann noch 1–2 EL Sahne unterziehen und die Suppe mit Petersilie dekorieren.

Tipp:
Statt Sahne können Sie auch folgende Mischung unter die Suppe ziehen: Je 20 g Naturreis und Mandeln mit 1 Prise Salz, 200 g Wasser, 1 EL Zitronensaft und 1 EL Macadamianussöl. im Hochleistungsmixer 5 Min. bei Höchstgeschwindigkeit schlagen. Der Rest, der nicht für die Suppe gebraucht wird, passt zu allen heißen Gerichten anstelle von Sahne oder auch als Dressinggrundlage.
Wer keine Aprikose zur Hand hat, nimmt andere Trockenfrüchte oder ersatzweise 1 TL Honig.

- 2 Tomaten (180 g)
- 1/4 rote Paprika (30 g netto)
- 1/2 Zwiebel (25 g netto)
- 1 TL Kräuterwürze (s. S. 173)
- 235 g Wasser
- 1 gestr. TL Salz
- 1 EL Oregano-Öl (s. S. 151)
- etwas frisch gem. schwarzer Pfeffer
- 1 TL Paprikapulver, edelsüß
- 1–2 Prisen gem. Kreuzkümmel (nach Geschmack)
- 1 Prise gem. Koriander
- 2 TL Zitronensaft
- 1 getrocknete Aprikose (15 g)
- 1–2 EL Sahne (nach Geschmack)
- etwas Petersilie

Gemüse-Pfannengerichte

Eine Weiterentwicklung der einfachen Gemüsepfanne ermöglicht es, die Beilagen gleich mit zuzubereiten. Wenn Sie Hülsenfrüchte zum Gemüse möchten, sollten Sie diese entweder vorher keimen lassen oder rote bzw. gelbe Linsen nehmen. Geschälte Linsen – also rote und gelbe – garen schnell und sind daher gleichzeitig mit dem Gemüse weich. Dasselbe gilt für Hirse und geflocktes Getreide. Allerdings müssen Sie dann die Flüssigkeitsmenge anpassen. Ich kalkuliere meist so:

- Braune Linsen (ungekeimt) und Hirse: dreifache Menge Wasser plus 50 g Wasser
- Geflocktes Getreide: doppelte Menge Wasser plus 50 g Wasser
- Reis: Morgens in der Pfanne in der doppelten Menge Wasser einweichen, Gemüse abends hinzugeben und wie gewohnt dünsten (mir persönlich ist der Reis dann zu hart, aber ich kenne viele, die ihn gerne so bissfest mögen).
- Kartoffeln: 100 g statt 50 g Wasser

Das Gewichtsverhältnis Gemüse zu Beilage lässt sich auch umdrehen, sodass Getreide und Hülsenfrüchte stärker in den Vordergrund rücken.

Gemüsepfanne mit Hirse

Wasser in eine etwas höhere Pfanne geben. Gemüse, wenn nötig, waschen und putzen: Bohnen auspuhlen; Möhren in Scheiben, Aubergine in Würfel und Porree in Ringe schneiden. Gemüse nebeneinander in die Pfanne legen. Es verrutscht auf dem Wasser, aber das macht nichts, einfach wieder zurückschieben. Die Hirse in die Mitte geben und so herunterdrücken, dass sie ganz vom Wasser benetzt ist. Deckel auflegen und alles auf höchster Einstellung zum Kochen bringen, bis Dampf unter dem Deckel oder durch die Abdampföffnung entweicht. Herdplatte auf kleinste Einstellung drehen und das Gemüse 16–18 Min. dünsten; den Deckel dabei nicht anheben. Nach 18 Min. ist alles „butterweich". Öl und Salz darüber geben. Die Kräuter fein hacken, unter den Sauerrahm ziehen und zur Gemüsepfanne servieren.

230 g Wasser
55 g Dicke Bohnen (netto, brutto ca. 180 g)
50 g Möhre
65 g Aubergine
40 g Porree
60 g Hirse
1 EL Sonnenblumen- oder Olivenöl
1 Prise Salz

Für die Kräutersoße:
je 5 g Schnittlauch, Petersilie und Dill
90 g Sauerrahm (oder Nusscreme „Sauerrahm", s. S. 172)

Kichernde Kartoffeln mit Sommerhaube (s. Foto S. 15)

Kartoffeln in der Schale garen (z. B. 10 Min. im Schnellkochtopf). Noch heiß schälen und mit Kichererbsensprossen, Zitronensaft, Salz, Öl und Wasser mit einem kleinen Mixer pürieren. Eine Lasagneform oder ähnliche kleine flache Auflaufform mit Öl einpinseln, den Kartoffelbrei darin verteilen. Die Aubergine in sehr feine Scheiben schneiden, dachziegelartig auf den Kartoffelbrei legen. Zwiebel und Knoblauch schälen, ebenfalls in dünne Scheiben schneiden und am Rand der Form auslegen. Tomaten in 3-4 mm dicke Scheiben schneiden, leicht überlappend obenauf legen und mit etwas Öl beträufeln und mit Pfeffer bestreuen. Form gut abgedeckt (z. B. mit einer umgekippten größeren Form darüber) auf dem Gitterrost in den kalten Ofen schieben. 20 Min. zugedeckt bei 225 °C (Umluft) garen, dann das Gericht offen noch weitere 15 Min. backen, in den letzten 2 Min. das Basilikum zupfen und hinzugeben.

2 Kartoffeln (200 g)
45 g Kichererbsensprossen (Keimzeit ca. 48 Std.)
2 TL Zitronensaft
1/2-1 TL Salz
2 TL Beinwell-Öl (s. S. 152)
50 g Wasser
50 g Aubergine
1 Zwiebel (40 g brutto)
2 Knoblauchzehen
2 Tomaten (170 g)
frisch geschroteter schwarzer Pfeffer
einige Basilikumblätter oder anderes Kraut
Öl für die Form und die Tomaten

Mangold mit gelben Linsen

60 g gelbe Linsen
200 g Wasser
200 g Mangold (ggf. bunter Mangold, mit gelben und roten Stielen)
1 Knoblauchzehe
2 EL Aprikosenkernöl (oder Sonnenblumenöl)
1/2 TL Salz
frisch gem. schwarzer Pfeffer
etwas Muskatnuss

Wer braune Linsen nehmen möchte – die natürlicher sind als ihre gelben Vettern, da sie ungeschält sind und somit noch mehr Vitalstoffe enthalten –, lässt sie 12 Std. einweichen und 12–24 Std. keimen.

Linsen und Wasser in eine etwas höhere Pfanne geben. Mangold waschen, abtropfen lassen und in Streifen schneiden. Auf die Linsen legen. Knoblauchzehe schälen, in Scheiben schneiden und dazugeben. Deckel auflegen und alles auf größter Einstellung zum Kochen bringen, bis Dampf unter dem Deckel oder durch die Abdampföffnung entweicht. Herdplatte auf kleinste Einstellung drehen und das Gemüse 15 Min. dünsten, ohne den Deckel dabei anzuheben. Öl, Salz, Pfeffer und Muskatnuss gleichmäßig darauf verteilen und das Gericht in der Pfanne servieren.

Gemüsepfanne mit Kräuterschmand (s. Foto)

50 g Wasser
300 g Gemüse der Saison (netto), hier:
je 80 g Brokkoli, Paprika und Möhren
60 g Kohlrabi
etwas Salz
evtl. 1–2 EL Sonnenblumen- oder Olivenöl

Für den Kräuterschmand:
1 Becher Schmand
je 1 EL gehackt: Petersilie, Basilikum und Thymian
ggf. etwas Salz

Als ich das erste Mal diese Gemüsepfanne gekocht habe, wollte ich es nicht glauben, dass es mit so wenig Wasser wirklich funktioniert. Dann war ich einfach baff – und auch überwältigt davon, wie schön die Gemüse ihre Farbe behalten. Das Foto hierzu ist nicht geschönt!

Wasser in eine Pfanne geben. Gemüse in handliche Stücke schneiden (Möhre nicht schälen, auch junge Kohlrabi können ungeschält bleiben) und ebenfalls in die Pfanne geben. Deckel auflegen und das Gemüse auf größter Einstellung zum Kochen bringen, bis Dampf unter dem Deckel oder durch die Abdampföffnung entweicht. Zwischendurch den Deckel nicht anheben! Auf kleinste Einstellung drehen und 13–15 Min. dünsten. Salz und ggf. Öl darüber geben. Schmand mit den gehackten Kräutern und, wer möchte, mit etwas Salz verrühren und zum Gemüse servieren.

Gemüse-Kartoffeln

Eine Weile war die Kartoffel in Misskredit geraten. Völlig zu Unrecht! Kartoffeln zählen zum wandlungsfähigsten Gemüse überhaupt, stehen uns das ganze Jahr frisch oder als Lagerware zur Verfügung, wachsen in der Region, sind relativ preiswert und schmecken den meisten Menschen.
In Amerika wurde vor einigen Jahrzehnten ein Experiment durchgeführt, bei dem einige Wissenschaftler beschlossen, ein halbes Jahr ausschließlich Kartoffeln zu essen, sonst nichts. Zum Frühstück, zum Mittagessen und zum Abendessen. Nach einem halben Jahr waren sie topfit und leistungsfähig, ihre Blutwerte waren perfekt. Das hat mich sehr beeindruckt!
Wenn ich mir EIN Gemüse aussuchen müsste, das ich auf eine einsame Insel mitnehmen dürfte, so wäre das mit Sicherheit die Kartoffel.
Da bei der Kartoffel genau wie bei vielen anderen Obst- und Gemüsesorten das Beste direkt unter der Schale sitzt, sollten Sie sie ungeschält zubereiten und verzehren. Wem das erst einmal schwer fällt, kann bei der Umstellung auf ungeschälte Kartoffeln mit ganz jungen Knollen beginnen.

Keine Angst übrigens, wenn Ihre Kinder von rohen Kartoffeln naschen – rohe Kartoffeln sind abgesehen von den grünen Stellen völlig ungefährlich. Sie werden nur deshalb gekocht gegessen, weil sie den meisten Menschen anders nicht schmecken.

Bratdünstkartoffeln

Dies ist eine leckere Variante, Kartoffeln schnell zuzubereiten. Salzkartoffeln gehören nicht ins Repertoire der naturnahen Küche, weil mit dem Verlust der Schale und anschließendem Wegschütten des Kochwassers zu viele wertvolle Stoffe verloren gehen. Pellkartoffeln dauern mir persönlich immer zu lange. Bratkartoffeln liegen mir meist zu schwer im Magen. Diese Mischung ist mein Favorit, wer möchte kann auch mit Nussmus und etwas Wasser noch eine Soße einrühren. Außerdem geht es richtig schnell.
Wer nur Öl und kein Wasser zum Dünsten nimmt, bekommt einen stärkeren Bratkartoffeleffekt. Wer vorwiegend Wasser nimmt (maximal drei Viertel der Flüssigkeitsmenge), hat eben eher gekochte Kartoffeln.
Bei Verwendung einer größeren Pfanne ist etwas mehr Flüssigkeit erforderlich (für eine 24-cm-Pfanne rechne ich z. B. 60 g Wasser-Fett-Gemisch).

3 Kartoffeln (ca. 250 g)
20 g Kokosöl (oder ein beliebiges anderes Öl)
20 g Wasser
1/2 TL Salz
frisch gem. schwarzer Pfeffer
etwas gehackte Petersilie für die Dekoration

Kartoffeln unter fließendem Wasser gründlich abbürsten und in 4–5 mm dicke Scheiben schneiden. Öl und Wasser in eine Keramik- oder beschichtete Pfanne (20 cm) geben, die Kartoffeln hineinlegen und die Pfanne mit einem Deckel schließen. Auf höchster Einstellung zum Kochen bringen, bis Dampf unter dem Deckel oder durch die Abdampföffnung austritt. Herdplatte auf die kleinste Einstellung drehen und die Kartoffeln 15 Min. dünsten. Den Deckel zwischendurch nicht anheben! Auf einen Teller geben, salzen und mit Pfeffer bestreuen. Mit etwas Petersilie dekorieren.

Info:
Eines der schlichtesten und gleichzeitig köstlichsten Gerichte, die ich kenne – gute, leckere Kartoffeln vorausgesetzt. Gerade bei Kartoffeln finde ich den Unterschied zwischen Bio- und konventioneller Ware besonders deutlich.

Kartoffelpuffer mit Tomatensalat (s. Foto)

40 g Grünkern
1 TL Kräutersalz (s. S. 149)
1 TL Paprikapulver, edelsüß
1 kleine Prise Cayennepfeffer oder Chilipulver
1/2 TL gem. Kümmel
1–2 Kartoffeln (170 g)
1 Knoblauchzehe

2 EL Sonnenblumenöl
1 Prise Salz
55 g Wasser
1 geh. EL Sesam, ungeschält
3–4 EL Erdnussöl zum Braten

Für den Tomatensalat:
1 größere Tomate (ca. 120 g)
1–2 TL Mayonnaise (s. S. 171)
1–2 EL Wasser
etwas Petersilie

Grünkern flocken und mit Salz und Gewürzen mischen. Kartoffeln unter fließendem Wasser gut abbürsten, in Stücke schneiden und mit der geschälten, in Scheiben geschnittenen Knoblauchzehe, Öl, Salz und 55 g Wasser in einem Mixer zu einer homogenen Masse schlagen. Mit Grünkern und Sesamsaat in einer Schüssel verrühren und mindestens 15 Min. zum Quellen stehen lassen.
Erdnussöl in eine Pfanne (24 cm) geben und heiß werden lassen. Mit einer Suppenkelle oder einem Esslöffel vier Puffer in die Pfanne geben (wer eine kleinere Pfanne hat, backt in zwei Durchgängen). Auf mittlere Hitze drehen, 3–4 Min. auf einer Seite braten, 3 Min. auf der anderen Seite. Wenn die Puffer etwas dicker geraten sind, zwischendurch den Deckel auflegen.
Tomate in acht Spalten schneiden, Mayonnaise und Wasser verrühren und über die Tomaten tropfen lassen. Mit Petersilie dekorieren und zu den Puffern servieren.

Tipp:
Wer es nicht so gerne scharf hat, lässt einfach den Cayennepfeffer weg. Wem es dagegen nicht scharf genug sein kann, verarbeitet mit der Kartoffel auch frischen Chili. Wer den rauchigen Geschmack von Grünkern nicht schätzt, nimmt Haferflocken.

Süße Kartoffelwaffeln

Für die Waffeln:
1 kleinere Kartoffel (65 g)
50 g Wasser, 1 Prise Salz
1 Msp. gem. Vanille
1 TL Honig (10 g)
30 g Nacktgerste
1 Msp. Weinstein-Backpulver
Öl für das Waffeleisen

Für die Beilagen:
10 g Mandeln
1 Apfel (100 g), 10 g Zitronensaft
1–2 TL Honig

Wer den Honig weglässt, kann die Kartoffelwaffeln auch herzhaft genießen – z. B. statt Reibekuchen; Waffeln sind weniger fettig.

Kartoffel unter fließendem Wasser gut abbürsten, in Stücke schneiden und mit dem Wasser in einem Mixer gut mixen. Salz, Vanille und Honig unterrühren. Gerste fein mahlen, mit Backpulver verrühren und mit dem Kartoffelwasser mischen. Den Teig etwa 30 Min. stehen lassen.
Ein Waffeleisen heiß werden lassen, mit Öl einpinseln. Teig hineingeben und – je nach Waffeleisen – etwa 8 Min. backen.
Mandeln, Apfel (in Stücken) und Zitronensaft im Mixer fein schlagen. Zu den Waffeln auf den Teller geben. Auch Honig passt noch gut dazu.

Pommes mit Mayo und Kätschapp

Während die Kartoffeln frittieren, bleibt genügend Zeit, um die Soßen und die Rohkost zuzubereiten. Ich mache es dennoch vorher, damit ich das Fett nicht aus den Augen verliere, da ich ja in einem offenen Wok frittiere. Wer eine Fritteuse hat, muss nicht ganz so achtsam sein.

Für die Cashewmayonnaise:
35 g Cashewnüsse
50 g Wasser
1 TL Kräutersalz (s. S. 149)
1 Msp. Honig
3 TL Essig
1–2 g Senf (s. S. 174)
40 g Sonnenblumenöl

Für das Ketchup:
1/2 Tomate (55 g)
1 kleines Stück Paprika (10 g)
1 TL Kräutersalz (s. S. 149)
1 TL Honig (20 g)
1 TL Paprikapulver, edelsüß
1 erbsengroßes Stück Tomatenmark (2 g)
1 TL Apfelessig

Für die Rohkost:
1/2 Möhre (ca. 45 g)
1 Stück Zucchini (ca. 45 g)
1 Prise Salz

Für die Pommes frites:
3 mittelgroße Kartoffeln (ca. 275 g)
300 g Erdnussöl zum Frittieren
Salz

Für die Mayonnaise die Cashewnüsse 8–10 Std. in dem Wasser einweichen. Abgießen (Wasser auffangen). Mit Salz, Honig, Essig, 20 g vom Einweichwasser, Senf und 20 g Öl in einem kleinen Mixer sehr gut durchmixen. Das restliche Öl in zwei Portionen dazugeben, und jeweils nochmal gut schlagen. Mayonnaise in den Kühlschrank stellen, sie wird noch fester. In einem Mixer, in den man tröpfchenweise während des Schlagens Öl dazugeben kann, oder in einem Hochleistungsmixer man auch größere Mengen zubereiten und richtig steif schlagen. Die Menge ist reichlich für eine Portion; hält sich im Kühlschrank auch noch ein paar Tage.

Für das Ketchup die Zutaten in einem kleinen Mixer mit dem hochstehenden Messer sehr gut durchschlagen. Für die Rohkost das Gemüse raspeln, mischen und auf den Teller geben. Leicht salzen oder auch mit etwas Standardsalatsoße (s. S. 167) übergießen.

Für die Pommes die Kartoffeln unter fließendem Wasser sehr gut sauber bürsten und abtrocknen. In Streifen schneiden. Fett in einem kleinen Wok auf höchster Einstellung erhitzen, bis an einem Holzstab Bläschen hochsteigen. Mit einem Pfannenwender die Kartoffelstreifen in das Fett gleiten lassen, Hitze etwas herunterstellen, es soll aber ständig sieden. Erhitzen, bis alle Stücke gleichmäßig goldbraun sind, dabei gelegentlich rühren. Die Kartoffelstreifen mit einem Pfannenwender aus dem Fett nehmen, auf einem Stück Küchenpapier abtropfen lassen. Salzen, und in einer kleinen Schüssel oder auf dem Teller mit Mayonnaise, Ketchup und Rohkost servieren.

Tipp:
Das nach dem Frittieren übrig gebliebene Öl nach dem Abkühlen durch ein feinmaschiges Sieb filtern und in einem gut verschlossenen Gefäß im Kühlschrank aufbewahren. Es kann dann weiter verwendet werden, z. B. zum Anbraten von Bratlingen und Pfannkuchen.

Kartoffelsalat

Mein Tipp: Wenn Sie das nächste Mal eingeladen werden mit den Worten „Bitte bringt alle einen Salat mit!“, votieren Sie für den Kartoffelsalat und verraten Sie niemandem, dass diese Mayonnaise nicht einmal ein Ei von Weitem gesehen hat. Keiner wird es merken. Allein für diese Mayonnaise hat sich für mich die Anschaffung eines richtig starken Mixers gelohnt, denn man muss ja sonst das Öl tröpfchenweise hinzufügen.

Für die Remoulade alle entsprechenden Zutaten in einen Hochleistungsmixer geben und 1 Min. schlagen lassen. Kurz abkühlen lassen und wiederholen. Im Kühlschrank aufbewahren, da die Remoulade dort auch noch ein wenig fester wird. Diese Portion reicht für zwei Mal Kartoffelsalat (auch lecker als Brotaufstrich). Wer Kräuter oder einen Hauch Rote Beete mitmischt, bekommt gefärbte Mayonnaise. Mit normalem Mixer das Öl portionsweise hinzugeben.
Die Kartoffeln gründlich bürsten, in der Schale dämpfen oder kochen. Abkühlen lassen, bis man sie gut anfassen kann, die Schale abziehen. Die Kartoffeln in Scheiben schneiden. Geputzte Frühlingszwiebeln in Ringen, 2 EL Remoulade, Linsensprossen und Kartoffelscheiben gut mischen und den Salat, wenn noch genug Zeit ist, etwa 30 Min. in den Kühlschrank stellen.
Möhre in Scheiben schneiden und mit der Petersilie als Dekoration für den Kartoffelsalat verwenden.

Für die Remoulade/Mayonnaise:
50 g Cashewnüsse
50 g Wasser
100 g Sonnenblumenöl
1 TL Salz
3 EL Apfelessig
1 gestr. TL Senf (s. S. 174)

Für das Gemüse:
250 g Kartoffel (möglichst gleich groß, ca. 4 Stück)
1 Frühlingszwiebel (20 g netto)
50 g Linsensprossen (Keimzeit ca. 48 Std.)
30 g Möhre
etwas Petersilie

Tipp:
Kartoffeln kann man in einer Küchenmaschine mit Kochmöglichkeit im Gareinsatz einfach zubereiten. Besonders schnell geht es in einem Schnellkochtopf.

Gemüse-Hülsenfrüchte

In meiner Jugend standen getrocknete Erbsen, Bohnen und Linsen jeweils abwechselnd samstags als Eintopf auf dem Tisch. So bin ich mit einer positiven Einstellung zu den Hülsenfrüchten aufgewachsen. Mit Erstaunen habe ich festgestellt, dass heute fast alle getrockneten Hülsenfrüchte aus dem Ausland kommen.
Meine Freundin E. besuchte vor drei Jahren im Kosovo eine Familie, die eigene Bohnen anbaut und trocknet. E. brachte mir ein Probepaket mit. Ich bin gewohnt, dass ich weiße Bohnen 12–24 Std. einweiche und 1 Std. kochen muss. Diese frischen getrockneten Bohnen waren innerhalb von 30 Min. gar. Da habe ich den Kopf geschüttelt, wie alt doch wohl die Hülsenfrüchte aus dem Laden sein müssen. Denn die Kochzeit verlängert sich mit wachsender Lagerzeit der getrockneten Ware.
Die Kochzeit von Hülsenfrüchten lässt sich übrigens drastisch verkürzen bis halbieren, wenn Sie sie 12 Std. einweichen und 24–36 Std. keimen lassen.

Gerade für die Zubereitung von Hülsenfrüchten stellt der Schnellkochtopf eine echte Zeitmaschine dar. Die Einweichzeit beträgt nur noch 8–12 Std. und die Kochzeit ist auf 9–10 Min. reduziert. Ungeschälte Linsen und Mungbohnen lassen sich so ganz ohne Einweichen zubereiten.

Erbsensuppen-Duo

Hier zwei Varianten für eine Erbsensuppe – ein Rezept für grüne Erbsen und eines für Kirchererbsen.
Ich hatte im Bio-Laden grüne Erbsen bestellt. Als die Lieferung kam, guckte ich ganz erstaunt: Das waren doch keine grünen Erbsen … ein zweiter Blick zeigte mir: In der Tüte befanden sich geschälte, halbierte Erbsen. Was ist das denn für eine Entwicklung? Wieder wird ein wertvolles Lebensmittel von der Natur entfernt, um der Schnelllebigkeit Diener zu werden. Dabei ist es nur eine Sache der Planung, nicht der Arbeitszeit, ganze Erbsen (die z. B. mehr Ballaststoffe haben) zu kochen.
Lustig sind auch immer die fantasievollen Zeiten, die auf der Packung stehen: Nach 8 Std. Einweichen sollen die grünen Erbsen 40 Min. gekocht werden. Gut, dass ich schon Küchenpraxis habe: Wäre ich darauf hereingefallen, hätte ich mit den Erbsen Pingpong spielen können!

Für die grüne Erbsensuppe (Variante 1):
50 g grüne Erbsen, ganz und ungeschält (Keimzeit 36–48 Std.)
1 kleine Kartoffel (45 g)
350 g Wasser
1 TL Kräuterwürze (s. S. 173; kann entfallen)
ca. 200 g Suppengemüse, zum Beispiel:
75 g Möhre
75 g Porree
20 g Selleriegrün
30 g Sellerieknolle
1 TL Kräutersalz (s. S. 149)
etwas Muskatnuss
1 EL Sonnenblumenöl

Für die Kichererbsensuppe (Variante 2):
50 g Kichererbsen, ganz und ungeschält (Keimzeit 36–48 Std.)
1 Zwiebel (85 g brutto)
1 Knoblauchzehe
350 g Wasser
1 TL Kräuterwürze (s. S. 173)
ca. 300 g Suppengemüse, zum Beispiel:
45 g Möhre
185 g Porree
35 g Selleriegrün
35 g Sellerieknolle
1 TL Kräutersalz (s. S. 149)
etwas gem. Kreuzkümmel
1 EL Kokosöl

Für die grüne Erbsensuppe die gekeimten Erbsen in einen Topf geben. Kartoffel unter fließendem Wasser gründlich abbürsten, in kleine Stücke schneiden. Mit Wasser und Kräuterwürze zu den Erbsen geben.
Zum Kochen bringen, bis Dampf unter dem Deckel oder durch die Abdampföffnung austritt. Herdplatte auf kleinste Einstellung stellen und die Erbsen 30 Min. kochen. In der Zwischenzeit das restliche Gemüse waschen und putzen (nur die Sellerieknolle schälen), zu den Erbsen geben.
Suppe nochmals zum Kochen bringen und weitere 30 Min. auf kleinster Einstellung köcheln. Salz, Muskat und Öl unterrühren.

Für die Kichererbsensuppe die gekeimten Erbsen in einen Topf geben. Zwiebel und Knoblauch schälen, klein schneiden. Mit Wasser und Kräuterwürze zu den Erbsen geben.
Zum Kochen bringen, bis Dampf unter dem Deckel oder durch die Abdampföffnung austritt. Auf kleinster Einstellung 30 Min. kochen. In der Zwischenzeit das restliche Gemüse waschen und putzen (nur die Sellerieknolle schälen), zu den Erbsen geben.
Nochmals zum Kochen bringen und weitere 30 Min. auf kleinster Einstellung köcheln. Salz, Kreuzkümmel und Öl unterrühren.

Tipp:
Wer will, kann die Kichererbsen mit den gleichen Gewürzen wie die grünen Erbsen abschmecken.

Jumbosalat

Für die Bohnen:
55 g Jumbobohnen (Keimzeit ca. 48 Std.)
55 g Wasser (zum Kochen)

Für das Dressing:
ca. 15 g Wasser
10 g Zitronensaft
15 g Macadamianussöl
1 gestr. TL Salz
1 TL Beinwellöl (s. S. 152)

Für das Gemüse:
1 kleine gelbe Tomate (35 g)
1/4 rote Paprika (50 g)
30 g Salatgurke
30 g Möhre

Die Jumbobohnen für den Salat sollten 2 Tage keimen. Jumbobohnen sind besonders große weiße Bohnen, Sie können stattdessen auch „normale" weiße Bohnen verwenden.

Bohnen 12 Std. in reichlich Wasser einweichen und 36 Std. keimen lassen. Mit 55 g Wasser zum Kochen aufsetzen. Sobald das Wasser kocht, Herdplatte auf kleinste Einstellung drehen und die Bohnen 1 Std. köcheln. In den ersten Minuten nach dem Kochen aufpassen: Falls es schäumt, kurz den Deckel anheben.
Kochflüssigkeit auffangen, mit Wasser auf 50 g auffüllen. Mit Zitronensaft, Macadamianussöl, Salz und Beinwellöl gut verrühren, Bohnen noch heiß hineingeben. Restliches Gemüse waschen und klein schneiden, mit zu den Bohnen geben und mindestens 30 Min. ziehen lassen. Dressing abtropfen lassen und auffangen. Den Salat in eine kleine Schüssel geben, mit 1–2 EL Dressing übergießen.

Tipp:
Schmeckt mit Mineralwasserfladen! Die gelbe Tomate gibt einen schönen Farbklecks, geschmacklich ändert sich durch die Verwendung einer roten Frucht nichts.

Bohnen-Sweeties

50 g Jumbobohnen (Keimzeit ca. 48 Std.; ersatzweise „normale" weiße Bohnen)
50 g Wasser (zum Kochen)
100 g Mandeln
75 g Blütenhonig

Die weißen Bohnen brauchen für dieses Rezept 2 Tage Zeit zum Keimen.

Bohnen 12 Std. in reichlich Wasser einweichen, 24 Std. keimen lassen. Mit 50 g Wasser zum Kochen aufsetzen, sobald das Wasser kocht, Herdplatte auf kleinste Einstellung drehen und die Bohnen 1 Std. köcheln. In den ersten Minuten nach dem Aufkochen darauf achten, ob es schäumt: kurz den Deckel anheben. Wenn die Bohnen gar sind, abtropfen und abkühlen lassen.
Mandeln mahlen (z. B. in einem kleinen Mixer in zwei Portionen). Gekochte Bohnen ebenfalls mahlen: Sie werden wie gemahlene Mandeln, also keine Paste. Mandeln, Bohnen und Honig verrühren. Mit einem Teelöffel ungeformte Kleckse auf ein mit Dauerbackfolie ausgelegtes Backblech setzen. Blech in den kalten Ofen schieben und die Plätzchen 20 Min. bei 175 °C (Umluft) backen. Sie sind jetzt von innen noch weich, außen fest und an den Kanten etwas dunkler.

Apfelpfannkuchen

35 g Kichererbsen
1 Msp. gem. Vanille
1 Prise Salz
100 g Wasser
1 Stück Apfel (60 g)
1 EL Erdnussöl zum Ausbacken
Zimt zum Bestreuen
Honig zum Beträufeln – sehr gut passt hier ein herber Waldhonig

Kichererbsen in einem kleinen Mixer fein mahlen (1 Minute). Etwas abkühlen lassen, mit Vanille, Salz und Wasser im Mixer glatt schlagen. Das Apfelstück in vier Scheiben schneiden.
Erdnussöl in einer kleinen Pfanne (20 cm) erhitzen, den Teig hineingießen und die Apfelscheiben darauf legen. Pfanne mit dem Deckel verschließen und den Pfannkuchen bei mittlerer Hitze 4 Min. braten. Vorsichtig mit einem Pfannenwender vom Boden lösen, auf den Deckel rutschen lassen und mit dem Deckel wieder in die Pfanne drehen, sodass die Äpfel jetzt unten liegen. 4 Min. auf Mittelhitze backen. Nochmals auf dieselbe Weise drehen und bei etwas höherer Einstellung 3 Min. backen. Mit der Apfelseite nach oben auf einen Teller rutschen lassen, mit etwas Zimt (zwischen die Finger nehmen) bestreuen und mit Honig beträufeln. Pfannkuchen noch warm essen.

Tipp:
Kichererbsenmehl ist eine gute Alternative, wenn glutenfreies Backen gefragt ist.

Frischkost

Ist Frischkost dasselbe wie Rohkost? Roh ist einfach definiert: Dazu zählt alles, was in seinem Lebenszyklus nicht über 42 °C erhitzt wurde. Über dieser Grenze verändert sich Eiweiß „krankhaft“. Niemand hat Fieber über 43 °C, vorher stirbt er. Daher kommt auch der Ausdruck „lebendige Nahrung“ für die Rohkost.

Vielen ist gar nicht bewusst, dass Vanille niemals und Cashewnüsse selten Rohkostqualität haben: Vanille muss nach der Ernte direkt blanchiert werden, sonst reift sie nach und verdirbt. Cashewnüsse enthalten normalerweise eine giftige Substanz zwischen den beiden Schalen, die durch Blanchieren oder Erhitzen in Öl beseitigt wird. Es gibt auch Cashewnüsse in Rohkostqualität, die dann per Hand vorsichtig geschält und vom Gift befreit werden.

Frischkost ist weiter gefasst. Natürlich müssen Gemüse und Obst unerhitzt sein. Ob nun noch ein Teelöffel Curry unter das Dressing gerührt, eine Prise gemahlene Vanille auf die Nachspeise gestreut oder ein paar Cashewkerne auf den Obstsalat gelegt werden, behindert die förderliche Wirkung auf den Körper nicht. Die Beschäftigung mit der Rohkostgrenze, die „Jagd“ nach den richtigen Lebensmittel ist dennoch lohnend, weil man so sehr viel darüber lernt, was man isst. Man kauft bewusster, man informiert sich vorher.

Nicht nur Möhren, Tomaten und Gurken können Sie roh essen. Probieren Sie einmal auch etwas ungewohntere Sorten wie Rote Bete oder Pastinake. Das vergrößert die Vielfalt auf Ihrem Salatteller.

Praxis **der 42 °C-Grenze**

Wer sich ein gutes Nussmus im Bio-Laden kauft, denkt selten darüber nach, dass das Mahlen von Nüssen unter Druck bis zur Verflüssigung natürlich auch Reibungswärme erzeugt. Wenn Sie einen starken Mixer haben, können Sie selbst testen, wie es mit der 42 °C-Grenze aussieht, sobald der Mixer mit 250 g Mandeln auf der Höchststufe 5 Min. gelaufen ist – und dann sind die Nüsse noch lange kein flüssiges Nussmus. Rohkost im ganz strengen 42 °C-Korsett ist für eine gesunde, schmackhafte Ernährung nicht in allen Kleinigkeiten erforderlich. Rohkost-Oliven finde ich zum Beispiel geschmacklich den in Öl oder Wasser eingelegten (und stets blanchierten) immer unterlegen. Wenn es also darum geht, unseren Speiseplan schön prallvoll mit Frischem zu halten, können Sie ruhig auch bei Gewürzen usw. die Rohkostgrenze überschreiten. Wer wiederum einmal statt einer Fasten- eine Rohkostzeit einlegen möchte, wird eher von Konsequenz profitieren. Sie können so viele herrliche Dinge aus lebendigen Materialien zubereiten. Wer zum ersten Mal hört, dass er etwa die Hälfte seines Essens roh essen sollte, sieht vor seinem inneren Auge vielleicht Riesenschüsseln mit Salat erscheinen: Eisbergsalat, Tomaten, Gurken, ein paar Möhrenscheiben. Das ist auf Dauer langweilig und sättigt nicht. Es ist erst einmal gar nicht so einfach, sich von dem herkömmlichen Begriff „Salat" zu lösen. Niemand zwingt Sie dazu, nur eine große Möhre auf den Teller zu legen und diese mit entsagendem Blick zu knabbern. Schon alleine die verschiedenen Weisen, wie Sie die Möhren schneiden (oder nicht), ändert das Geschmacksempfinden: große Stücke, dicke Scheiben, dünne Scheiben, hauchzarte Scheiben, Streifchen – sie alle schmecken unterschiedlich. Wenn Sie diese Möhren jetzt noch mit anderem Gemüse, Obst und diversen Dressings kombinieren, haben Sie schon viele, viele verschiedene und abwechslungsreiche Salate. Im Frühjahr können Sie frischen Spinat oder – was den meisten ganz neu ist – Spargelscheiben verwenden, Beeren oder Nektarinenstreifen sind eine herrliche Ergänzung, im Winter können Sie aus Rotkohl und Orangen einen komplett neuen Geschmacksweg entdecken. Und das sind erst nur die Salate! Da gibt es Hauptspeisen, die in Optik und Geschmack dem Gewohnten ähneln, Süßspeisen, Kuchen und Brote. Experimente mit der Frischkost erweitern unseren Essenshorizont gewaltig.

Frischkost-Salate

Salate – das ist es, was sich der Normalbürger unter roher Kost vorstellt. Wobei das bitte nicht so überheblich verstanden werden soll, wie es vielleicht klingt. Ich habe ja noch vor wenigen Jahren genauso getickt. Rohkost und Frischkost sind ein wichtiger Bestandteil jeder Ernährung Gerade die gemischten Salate sollten einmal am Tag auf dem Speiseplan stehen. Regeln wie „Zwei unter der Erde, zwei über der Erde“ usw. sind zwar nett, aber schlecht praktikabel. Ich nehme einfach immer, was gerade da ist, möglichst für zwei Personen nicht mehr als 100 g von einer Sorte. Da habe ich einen Durchschnitt, der mir über die Woche verteilt genug Leckeres und Gesundes bietet. Gerade wenn Sie die Salate entsprechend der Saison variieren, werden sie nicht langweilig. Ein paar Rhabarberscheibchen, einige Erdbeer- oder Ananasstücke sind wie ein neues Gesicht für einen alten Bekannten. Auch das Dressing können Sie wechseln. Die Kombinationsmöglichkeiten sind mathematisch kaum darstellbar ...

Ich kann mir gar nicht mehr vorstellen, dass ich ein Leben führen sollte, in dem nicht eine meiner Hauptmahlzeiten aus einem großen Salat besteht.

Gemischter Alltagssalat (1)

Für einen Salat als Hauptspeise rechne ich zwischen 220 und 300 g Gemüseanteil. Die unten aufgeführten Gemüse sind nur Beispiele. Wichtig ist, dass Sie viele Sorten mischen und sich dabei an das Saisonangebot halten. Als Grundsatz können Sie sich merken: Alle Gemüse schmecken zusammen – abgesehen von den Sorten, die Sie nun einmal nicht mögen. Dr. Bruker empfiehlt auch darauf zu achten, dass eine Mischung aus Blattsalat, überirdischem und unterirdischem Gemüse in den Salat kommt. Schnitzer wiederum legt viel Wert auf gekeimte Hülsenfrüchte, Blattsalat und Wurzelgemüse; die sogenannten „Gemüsefrüchte" wie Gurken und Tomaten sind für ihn eher Beiwerk.

Ich wasche Gemüse nur, wenn es deutlich schmutzig ist. Dressingzutaten mit der Gabel verschlagen. Gemüse klein schneiden. Salat waschen, trockenschleudern (bei kleinen Mengen geht das in einem Küchentuch) und gut mit dem Dressing mischen. Auf einen großen Teller geben und mit Petersilie bestreuen.

30 g Kopfsalat
30 g Mungbohnensprossen (Keimzeit ca. 48 Std.)
160 g Gemüse: je 40 g Tomate, Salatgurke, Stangensellerie, Möhre
5 g Rhabarber
15 g Rote Bete
1 EL gehackte Petersilie

Für das Dressing:
1 EL Zitronensaft, 1 EL Sonnenblumenöl
1/2 TL Salz, 3–4 EL Wasser

Gemischter Alltagssalat (2)

Welche Gemüse Sie für diesen Salat verwenden, ist nicht wirklich wichtig. Hauptsache, es ist eine Mischung, die Blattgemüse, Wurzelgemüse und auch möglichst immer frische Sprossen enthält.

Gemüse nur bei sichtbarem Dreck waschen, hier wird außer der Spargelstange nichts geschält. Dressingzutaten im Mixer zu einer glatten Soße mischen. Gemüse klein schneiden, auch den Salat (mir ist Zupfen zu lästig; kleine Mengen lassen sich gut in einem Handtuch trockenschleudern).
Nebeneinander, farblich abgestimmt, auf einen großen Teller geben und mit Petersilie bestreuen. Dressing getrennt reichen oder vorsichtig über den Salat geben.
Achtung: Das Dressing ist reichlich, weil ich das gerne mag. Wer sehr hungrig ist, kann anschließend noch ein Brötchen oder eine Scheibe Brot verzehren.

25 g Kopfsalat
175 g Gemüse: je 35 g Tomate, Spargel, Möhre, Mungbohnensprossen (ca. 48 Std. Keimzeit), Salatgurke
1 EL gehackte Petersilie

Für das Dressing:
20 g Sonnenblumenkerne
15 g Zitronenscheibe (geschält, ohne Kerne)
1/2 TL Salz
20 g Sonnenblumenöl
1/3 kleiner Apfel (35 g)
50 g Wasser

Blumenkohl-Sauerampfer-Salat mit Erdbeerdressing

Weil ich mittlerweile so daran gewöhnt bin, die meisten Gemüse roh zu essen, vergesse ich, dass es anderen Menschen nicht so geht. Im Frühjahr 2011 startete ich auf meiner Homepage ein Preisausschreiben: Die Aufgabe bestand darin, aus den in einem Film vorgegebenen Salatzutaten einen Salat zu gestalten und ein Foto davon einzuschicken. Drei Gemüsesorten (Rotkohl, Möhren, Blumenkohl) und eine bestimmte Soße waren vorgeschrieben. Was mich sehr erstaunte: Ich erhielt mehrere Mails: „Oh, das war ja echt lecker, habe noch nie Blumenkohl roh gegessen". Das waren Menschen, die durchaus mit der Vollwertkost vertraut sind. Blumenkohl als allgemein am leichtesten verdauliche Kohlsorte eignet sich also bestens dafür, auch in die ungewohnte rohe Kohlwelt einzusteigen.
Süßliche Salatsoßen sind etwas Herrliches. Wer nur „Zucker" kennt, verpasst etwas im Leben. Ich würze meine Dressings gerne mit einem halben kleinen Apfel, einer Mandarine, ein paar Trauben. Für diesen Salat habe ich mich zum ersten Mal an einem Erdbeerdressing versucht. Ich war sehr begeistert, denn es war genau die richtige Soße, die auch zum Sauerampfer passt, ohne zu süß zu sein.

Für die Marinade:
1 EL Sonnenblumenöl (10 g)
1 Prise Salz
etwas frisch gem. schwarzer Pfeffer
15 g Zitronenscheibe (geschält, ohne Kerne)
25 g Wasser

Für das Gemüse:
145 g Blumenkohl (netto)
1/2 rote Paprika (45 g)
1 Frühlingszwiebel (20 g)
25 g Sauerampfer

Für das Dressing:
55 g Erdbeeren (netto)
20 g Haselnüsse
25 g Haselnussöl
1 gute Prise Salz
2 dünne Scheibchen Ingwer, ungeschält
55 g Wasser

Marinadezutaten im Mixer mischen. Wer statt der Zitronenscheibe Saft nimmt, kann alles einfach mit der Gabel verquirlen.
Blumenkohl in feine Röschen zerteilen (den Strunk für gemischte Salate verwahren), restliches Gemüse, wenn nötig, waschen und klein schneiden. In der Marinade gut durchziehen lassen (ca. 10 Min.).
Dressingzutaten in einem Mixer verquirlen, etwa 50 Sek.
Salat auf einen Teller geben, das Dressing darüber verteilen bzw. dazu reichen.

Info:
Das Gemüse wird zuerst in einer ganz schlichten Salatsoße angemacht und ein paar Minuten stehen gelassen. Dadurch kann der Blumenkohl etwas davon aufsaugen und ist nicht so trocken. Für Städter: Sauerampfer gibt es in der Saison im Internet zu bestellen (s. Bezugsquellen S. 207).

Salatplatte mit Sechskorndip

Rohes geschrotetes Getreide ist ein wichtiger Baustein der vitalstoffreichen Ernährung. Viele verbinden es nur mit dem Frühstück („Müsli), es lassen sich aber auch viele andere leckere Dinge mit dem rohen Getreide herstellen. Interessant ist das für alle, die prinzipiell nicht gerne oder nicht gerne süß frühstücken.

Etwa 4 Std. vor dem Essen das Getreide grob schroten und mit dem Wasser verrühren. Bei Raumtemperatur quellen lassen.
Dann mit Limettensaft, Öl, Schnittlauch und Salz verrühren und in eine kleine Schüssel füllen.
Für die Salatplatte die Gemüse klein schneiden. Den Sellerie, wenn nötig, vorher waschen, die groben Wurzelteile abschneiden bzw. abschälen. Saubere Schale muss nicht abgeschält werden.
Die Gemüse dann nebeneinander auf einen flachen Teller geben, die Mungbohnensprossen in die Mitte schütten.
Salz, Pfeffer, Limettensaft, Zitronensaft, Öl und 2 EL Wasser mit einander verquirlen, über das Gemüse gießen. Mit Kürbiskernen bestreuen.

Für den Dip:
2 EL Sechskorngetreide
50 mg Wasser
Saft von 1/2 kleinen Limette (6 g; oder Zitronensaft)
10 g Macadamianussöl
10 g gehackter Schnittlauch
1 Prise Salz

Für die Salatplatte:
25 g Sellerie (netto)
60 g Möhre
100 g Stangensellerie
1/2 Tomate (50 g)
55 g Mungbohnensprossen (Keimzeit ca. 48 Std.)
1 Prise Salz
frisch gem. schwarzer Pfeffer
1 TL Limettensaft (oder Zitronensaft)
1 EL Zitronensaft
2 EL Sonnenblumenöl
2 EL Wasser
1 EL Kürbiskerne

Frischkost-Hauptspeisen

Sind diese Hauptspeisen nicht eigentlich auch Salate? Das kommt darauf an, wie Sie Salat definieren. Für mich ist eine Rohkost-Hauptspeise etwas, das sich durch Anordnung und Präsentationsweise von einem Salat unterscheidet. Eine gefüllte Paprikaschote, auch wenn sie mit Selleriesalat gefüllt ist, kann ich nicht wirklich noch einen Salat nennen.
Diese Rubrik bietet sich auch zum Staunen für Gäste an, die vielleicht glauben, dass Rohkost langweilig ist und aus einem Salatblatt besteht. Die Rezepte sind sättigend. Wenn es sich von der Herstellungsweise anbietet, können Sie sie auch auf vier Portionen aufteilen und haben somit eine schöne Vorspeise. Hier isst das Auge wirklich mit!

Ganz besonders beeindruckt sind meine Gäste immer von den Rohkost-Pizzen. Sie eignen sich sehr gut zur Resteverwertung: Wohin mit dem kleinen Stück Steckrübe, der Sellerie oder den drei alten Möhren?

Kohlrabi mit Pilzhack

Kohlrabi schälen und in der Küchenmaschine in feine Streifen schneiden. Auf einen Teller geben.
Tomaten und Champignons vierteln. Mit Sprossen, Zitrone, Öl, Salz und Pfeffer im Zerkleinerer fein hacken, bis es quasi „Hackfleischkonsistenz" hat. Zu den Kohlrabistreifen geben, mit Pfefferminze, einigen Oliven und etwas Dill dekorieren.

Info:
Oliven, auch aus dem Bio-Laden, sind normalerweise keine Rohkost. Sie werden der besseren Haltbarkeit halber immer blanchiert. Wenn Sie aber nicht täglich ein Viertelpfund Oliven verzehren, dürfte das für die Gesundheit keinen Unterschied machen. Wichtig ist diese Information nur, wenn Sie einmal reine Rohkost leben möchten.
Wer einen Spirali besitzt, kann aus dem Kohlrabi Spaghetti schneiden, das ist optisch einladend. Statt Kohlrabi eignet sich Zucchini ähnlich gut. Einen besonders knalligen Effekt bekommen Sie mit Roter Bete.

1 Kohlrabi (145 g netto, 180 g brutto)
2 Tomaten (210 g)
90 g braune Champignons
25 g Mungbohnensprossen (Keimzeit ca. 48 Std.)
15 g Zitrone (geschält, ohne Kerne)
2 EL Olivenöl
1 gestr. TL Salz
frisch gem. Pfeffer
1 Blatt Pfefferminze getrocknet
4–8 schwarze Oliven
1 EL gehackter Dill

Gefüllte Zucchini (s. Foto S. 116)

Tomaten, Paprika und große Champignons lassen sich mit einer ähnlichen Mischung wie die Zucchini hier füllen.

Das Getreide mittelgrob schroten, mit 50 g Wasser verrühren und mindestens 4 Std. quellen lassen.
Zucchinihälfte gut auslöffeln, die herausgenommene Füllung wiegt etwa 50 g. Leere Zucchinihülle auf einen großen Speiseteller legen.
Sprossen mit Schnittlauch, Zitrone, Öl, Salz und Pfeffer zu einer Paste vermischen (kleiner Mixer). Mit dem Getreide verrühren und in die Zucchinihülle füllen.
Teller mit Möhrenscheiben und Petersilie bestreuen. Falls die Zucchini nicht fest auf dem Teller steht, kann sie von einigen Möhrenscheiben gestützt werden.

30 g Sechskorngetreide
50 g Wasser
1/2 Zucchini (125 g, längs halbiert)
20 g Mungbohnensprossen (Keimzeit ca. 48 Std.)
20 g Sonnenblumenkernsprossen (Keimzeit ca. 48 Std)
25 g Schnittlauch
5 g Zitrone (geschält, ohne Kerne)
1 EL Olivenöl
1 gute Prise Salz
etwas frisch gem. schwarzer Pfeffer
40 g dünne Möhrenscheiben
1 EL gehackt Petersilie

Gefüllte Riesenchampignons an Paprikaspiegel

2 große Champignons (180 g)
2 EL Sechskorngetreide
30 g Wasser
1 Prise Salz
1 EL Sesamöl
2 TL Zitronensaft
1 EL gehackter frischer (oder getrockneter) Liebstöckel
60 g Spitzkohlblätter
50 g Sonnenblumenkernsprossen

Für die Soße:
35 g Paprika
10 g Zitronensaft
1 Prise Salz
2 EL Sonnenblumenöl
20 g Sonnenblumenkerne
60 g Wasser
1 Zweig Liebstöckel für die Dekoration

Die beiden Champignons ggf. sauber bürsten. Pilze niemals mit Wasser waschen! Die Stiele herausdrehen und die Pilze mit der Öffnung nach oben auf einen Teller stellen. Falls sie nicht fest stehen, unten etwas abschneiden.
Das Getreide schroten, mit Wasser, Salz, Öl und Zitronensaft verrühren. Den Liebstöckel fein hacken und unterrühren.
Den Spitzkohl mit den Champignonstielen im Zerkleinerer fein raffeln, mit den Sprossen ebenfalls unter das Getreide rühren. Die Masse in die beiden Champignons füllen, dabei oben einen kleinen Hügel bilden.
Für die Soße Paprika, Zitronensaft, Salz, Sonnenblumenöl, Sonnenblumenkerne und 60 g Wasser in einem kleinen Mixer 1 Min. pürieren, die Masse ist dann glatt. Um die Pilze herum auf den Teller gießen und mit Liebstöckel dekorieren.

Tipp:
Achten Sie bitte bei den kleinen Mixern genau darauf, dass sie nicht länger als 1 Min. am Stück laufen. Dann muss erst eine mehrminütige Pause eingelegt werden. Normale große Champignons eignen sich auch für dieses Gericht, es ist dann nur deutlich mehr Arbeit.

Kleine rote Pizzen

Sieht aus wie Pizza, schmeckt wie Pizza – und ist viel besser verträglich als Pizza. Mit Rohkost-Pizzen verblüffe ich immer wieder Gäste, egal ob Vollwertler oder Normalesser.

Haselnüsse 8–12 Std. in Wasser (bedeckt) einweichen. Sechskorngetreide schroten, mit 65 g Wasser verrühren 4–6 Std. lang quellen lassen. Pastinake mit Petersilie, Walnussöl, 20 g der abgetropften Haselnüsse und 1 Prise Salz im Zerkleinerer fein raffeln. Die Masse auf zwei kleine Quicheformen (20 cm) verteilen, flach drücken.

Belag 1: Tomaten in dünne Scheiben schneiden, auf den „Teig" legen, mit etwas Salz und Pizzagewürz (zwischen den Fingern verrieben) bestreuen.

Belag 2: Die restlichen, abgetropften Haselnüsse mit Zitronensaft, Paprika, Salz, Möhren, Knoblauchzehe, Öl, Cashewnüssen und 100 g Wasser 1 Min. lang mixen. Ein paar Minuten stehen lassen, damit die Masse nachdickt.

Dann beide Beläge auf den Pizzen verteilen. Mit Schnittlauch bestreuen.

Für 2 Personen

Für den Teig:
30 g Haselnüsse
55 g Sechskorngetreide
65 g Wasser
95 g Pastinake, 15 g Petersilie
2 TL Walnussöl, 1 Prise Salz

Belag 1:
2 Tomaten (225 g)
etwas Salz
2 Prisen Pizzagewürz

Belag 2:
15 g Zitronensaft, 35 g rote Paprika
1/2 TL Salz, 15 g Möhren
1 Knoblauchzehe
30 g Sonnenblumenöl, 30 g Cashewnüsse
100 g Wasser
1–2 EL gehackter Schnittlauch

Frischkost-Suppen

Rohkostsuppen sind nicht nur im Sommer lecker! Die Sommerzeit ist besonders geeignet, den Einstieg in die Rohkost(-suppen) zu finden. Die Rohkostsuppe ist nach dem Salat doch dasjenige Rohkostgericht, welches den meisten Menschen bereits vertraut ist. Gazpacho und kalte Gurkensuppe, wer hat das noch nicht gegessen oder zumindest davon gehört?

Neben dem Speiseeis ist für mich die Rohkostsuppe auch eine herrliche Möglichkeit, wenn es mal ganz besonders schnell gehen soll. Meine Lieblingssuppe, das verrate ich gerne, ist in diesem Buch die rohe Spargelsuppe. Das Rezept habe ich speziell für dieses Buch entworfen. Ich war gespannt. Zwar hatte ich Spargel im Salat schon roh gegessen, aber ob roher Spargel denn auch „verflüssigt" noch schmecken würde? Ich habe selten so gestaunt – die rohe Spargelsuppe hat alle Geschmacksvorteile der gekochten Variante, nur dabei eben noch den kleinen Extra-Kick.

Wer mit der Anschaffung eines Hochleistungsmixers liebäugelt, ist hier richtig: Eine Cremesuppe aus rohem Gemüse wird wirklich genauso glatt wie eine gekochte Suppe nach dem Pürieren.

Gazpacho

Spargel schälen, Kohlrabi, wenn nötig, schälen. Gemüse grob vorzerkleinern und mit Öl, Salz, Zitrone und Knoblauchzehe in einem starken Mixer pürieren (z. B. einem Hochleistungsmixer mit Umdrehungszahlen über 30 000 Upm). Wasser hinzugeben und mischen. Ich esse die Suppe lieber direkt, weil sich sonst ein Bodensatz abtrennt.

Info:
Die Zugabe von Kohlrabi macht die Suppe nahrhafter. Grundsätzlich funktioniert das Rezept mit allen Gemüsen, man sollte nur darauf achten, dass sie nicht zu stark färben.

Die kalte, sehr nahrhafte und erfrischende Suppe aus Andalusien besteht im Original vornehmlich aus Brot, Tomaten, Knoblauch, Zwiebeln, Gurken, Paprika und Salz.
Dazu 500 g Tomaten häuten und entkernen. 3 Knoblauchzehen zerkleinern, 1 Gurke und 1 grüne Paprika entkernen und zerkleinern und alles in den Mixer geben. Dann Brot und 4 EL Olivenöl hinzufügen und pürieren. Mit Essig und Salz abschmecken und Wasser hinzugeben, bis die gewünschte Dicke erreicht ist. In einen Topf geben und eine Stunde kühlen.

20 g Spargel (netto; oder Zucchini)
55 g Kohlrabi
1 Tomate (100 g)
55 g Salatgurke
20 g Olivenöl
1 gestr. TL Salz
1 Scheibe Zitrone (10 g, geschält, ohne Kerne)
1 kleine Knoblauchzehe
200 g Wasser

Spargelcremesuppe

Besonders schön glatt und cremig wird diese Suppe in einem Hochleistungsmixer mit Umdrehungszahlen über 30 000 UpM.

Hirse mit den Cashewnüssen im Gerät mahlen. Zitrone, ungeschälten Spargel (in Stücke vorgeschnitten), die Hälfte des Wassers und das Salz hinzugeben, sehr gut durchmixen. Darauf achten, dass die gemahlene Hirse unten nicht festklebt. Das restliche Wasser hinzugeben und die Suppe gut lauwarm laufen lassen.

Tipp:
Wer keinen Hochleistungsmixer hat, mahlt Nüsse und Getreide im Mixer, schält den Spargel und schneidet ihn klein und mixt dann alles mit steigender Wassermenge.
Diese Suppe ist optisch und geschmacklich ein Hochgenuss! Ein paar Gänseblümchen oder Löwenzahn geben als Dekoration den besonderen Pfiff.

30 g Hirse
20 g Cashewnüsse
25 g Zitrone (geschält, ohne Kerne),
175 g ungeschälter Spargel
400 g Wasser
1/2 TL Salz

Tomatensuppe Rot vor Wut

Ich weiß nicht, worüber sich die Tomatensuppe geärgert hat ... ☺

Alle Zutaten in einen leistungsstarken Mixer geben und auf der Höchststufe gut durchmixen, eventuell bis die Flüssigkeit lauwarm ist.
Einen Teller füllen und die Suppe mit grob gemahlenem schwarzen Pfeffer, Dill, Buchweizen und Sprossen dekorieren.

Tipp für die Dekoration:
Pfeffer, Dill, Buchweizen, Mungbohnensprossen (Keimzeit 36–48 Std.)

2 Tomaten (200 g)
20 g Haselnüsse
1 Scheibe Zitrone (20 g; geschält, ohne Kerne)
1 EL Haselnussöl (oder ein anderes hochwertiges Öl)
200 g Wasser
55 g Rote Bete, 35 g Banane (netto)
1 gestr. TL Salz, frisch gem. Pfeffer

Fenchelsuppe mit Klößchen

Etwa 4 Std. vor dem Essen das Sechskorngetreide schroten, mit 40 g Wasser verrühren und abgedeckt quellen lassen (nicht im Kühlschrank). Dann die Nüsse und Kerne mahlen, den Hafer flocken, alles mit den übrigen Klößchenzutaten verrühren und quellen lassen. Zwischen den feuchten Händen walnussgroße Klößchen formen (gibt etwa 6 Stück). Für die Suppe alle Zutaten in einen starken Mixer geben und gut durchmixen. Etwa die Hälfte auf einen Suppenteller geben, drei Klößchen hineinsetzen, mit Schnittlauch und Möhrenscheiben verzieren.

Info:
Eine echte Delikatesse! Obwohl ich ja nun schon viele Jahre regelmäßig reine Rohkost esse, bin ich immer wieder erstaunt, welche Abwechslung sich da bietet, welche Vielfalt im Aroma! Einige Veränderungen im persönlichen Geschmacksempfinden ergeben sich auch bei längerem Rohkostverzehr: Der Salzbedarf wird deutlich geringer, die Empfindlichkeit gegenüber Zwiebeln und ähnlichem höher. Daher kann es schon mal sein, dass meine Salzmenge dem einen oder anderen zu gering erscheint – obwohl ich andererseits auch immer höre, dass ich sehr stark salze.

Für die Klößchen:
2 EL Sechskorngetreide (35 g)
40 g Wasser
5 g Walnusskerne
15 g Kürbiskerne
1 EL Nackthafer
1 Prise Curry (s. S. 168)
1–2 Prisen Salz

Für die Suppe:
140 g Fenchel (mit Grün)
1 kleine Knoblauchzehe, geschält
2 dünne Scheiben Ingwer, ungeschält (1–2 g)
1 Scheibe Zitrone (15 g; geschält, ohne Kerne)
1 EL Haselnussöl
2 Prisen Salz
etwas frisch gem. schwarzer Pfeffer

Für die Dekoration:
1 EL gehackter Schnittlauch
10 dünne Möhrenscheiben

Frischkost-Brote

Rohkostbrote? Dieses Thema beschäftigte mich vor meiner ersten Rohkostphase ganz besonders, denn ich liebe Brot. Allerdings waren meine ersten Schritte auf diesem Gebiet nicht gerade von Erfolg begleitet. Das Standard-Rohkostbrot wird mit Getreidekeimlingen hergestellt. Zerkleinerte Getreidekeimlinge schmecken mir (und ich habe es mehrmals probiert) einfach nicht, auch nach dem Trocknen. Eine Weile habe ich ganz darauf verzichtet, bis ich vor einem Berg Gemüse stand. Dieses Gemüse war nicht mein Lieblingsgemüse, nun sollte es aber weg – und Wegwerfen von Gemüse kommt für mich nicht in Frage. Mein Vorrat an Gemüsebrühe und anderem war prall gefüllt. Da kam mir die Idee, es zusammen mit Getreide und Nüssen zu einem Knäckebrot zu verarbeiten. Ein Knüller! Diese kleinen Knabbereien sind eine besondere Attraktivität für jedermann. Ich habe letztlich zwei Sorten vorbereitet, die ich abends noch fotografieren wollte. Au weia, Pech gehabt – der Besuch hatte sie weggeputzt …

Die Nussbrote gehen ursprünglich auf ein Rezept von Helen Nearing zurück, das mir aber zu stark gewürzt war.

Wirsing-Steckrüben-Knäcke

Hirse fein mahlen. Gemüse grob vorschneiden, Apfel vierteln. Alle Zutaten in einen Hochleistungsmixer geben und mit dem Stößel zu einer glatten Paste verarbeiten. Mit einem Spatel dünn auf Folien auftragen, mit dem nassen Spatel Stücke vorziehen und das Knäckebrot 24 Std. bei 40 °C trocknen. Dann umdrehen, nochmals 6 Std. trocknen. (Bei einem rechteckigen Dörrgerät habe ich zwei Einschübe voll bekommen.)

Tipp:
Wer keinen Hochleistungsmixer hat, zerkleinert die Zutaten einzeln bzw. portionsweise und mixt sie dann gut in einem Mixer. Statt Hirse eignet sich auch Naturreis.Diese Gemüse-Rohkost-Knäckebrote haben mehrere Vorteile: Ich kann damit immer Gemüse aufbrauchen, von dem ich zu viel habe und das ich nicht so gerne esse. Als Trockenbrot schmeckt es ja ganz anders. Es ist eine herrliche Knabberei für zwischendurch, auch für unterwegs ist es sehr gut geeignet, ohne dass man sich mit einer schweren Mahlzeit belastet.

50 g Hirse
50 g Mandeln
250 g Steckrübe (netto)
115 g Wirsingblätter
1 kleiner Apfel (110 g)
1 Knoblauchzehe
1 EL Zitronensaft, 1 TL Salz
1 TL gem. Koriander
50 g Sonnenblumenöl

Mischnussbrot (s. Foto S. 125)

Neben den Gemüseknäckebroten sind auch die Nussbrote eine herrlich deftige Ergänzung der rohen Kost. Sie sind besonders schnell herzustellen und erfordern keinerlei besondere Geräte. Wer mag, kann das Brot auch in dünne Scheiben schneiden, dann trocknen und erhält so eine Art Nussknäcke. Wertvoller ist es frisch. Ähnlich wie bei normalem Brot kann man sich auch diese Brote belegen – mit einem knackigen Pesto.

Wer nur einen kleinen Mixer hat, mahlt die Nüsse jeweils einzeln. Das geht rasch. Ansonsten alle Nüsse zusammen fein mahlen. Roggen flocken. Die trockenen Zutaten ohne den Roggen gut miteinander vermischen.
Öl und Wasser hinzugeben und mit einem Löffel gut durchrühren, sodass sich eine formbare Masse ergibt. Dann die Flocken unterkneten. Auf einem Brettchen einen kleinen Leib formen, oben schräg drei- bis viermal einschneiden. In Pergamentpapier (oder Folie) einwickeln und mindestens 1 Std. im Kühlschrank kalt stehen lassen.

50 g Cashewnüsse
50 g Mandeln
50 g Walnusskerne
50 g Haselnüsse
60 g Roggen
1/2 TL gem. Koriander
1 TL Paprikapulver edelsüß
50 g Buchweizen
1/2–1 gestr. TL Salz
1 EL Sonnenblumenöl
70 g Wasser

Rote Bete-Knäcke

75 g Hirse
315 g Rote Bete
40 g Rhabarber
140 g Sellerie
1 Apfel (100 g)
2 Knoblauchzehen
50 g Öl
30 g Apfelessig
1 geh. TL Salz
1 TL gem. Koriander
1/2 TL Kreuzkümmel
100 g Dinkelsprossen (von ca. 60 g Dinkel, Keimzeit 36–48 Std.)
75 g goldener Leinsamen
je 2 EL Sonnenblumenkerne, goldener Leinsamen und Mohn für die Dekoration

Hirse fein mahlen. Gemüse ggf. waschen und grob vorschneiden, Apfel vierteln. Knoblauchzehen schälen. Alle Zutaten in einen Hochleistungsmixer geben und mit dem Stößel zu einer glatten Paste verarbeiten. Mit einem Spatel auf drei Folien auftragen. Mit dem nassen Spatel Stücke vorziehen und jeweils mit Sonnenblumenkernen, Leinsamen und Mohn bestreuen. 12 Std. bei 40 °C trocknen, umdrehen, nochmals 12 Std. trocknen. (Bei einem rechteckigen Dörrgerät habe ich drei Einschübe gefüllt.)

Info:
Diese kleinen Kräcker machen schon optisch richtig etwas her. Damit kann man am kalten Büffet Eindruck schinden! Es ist auch dem sogenannten Essener Brot ähnlich. „Essener“ hat übrigens nicht mit der Stadt Essen in Nordrhein-Westfalen zu tun, sondern bezieht sich auf eine vermutete religiöse Gruppe im antiken Judentum. Das Original Essener Brot wird vorwiegend aus gekeimtem Getreide, Salz, Wasser und etwas Buchweizen hergestellt.

Frischkost-Süß

Dieses Unterkapitel enthält die meisten Rohkost-Rezepte. Das hat natürlich seinen Grund: Die meisten Menschen werden bei Süßem schwach. Ist es nicht wunderbar, wenn wir schwach werden dürfen? Wenn wir Schokolade, cremiges Eis, köstliche Torten essen und dabei gleichzeitig wissen: Wir tun etwas Gutes für uns? Das ist so ungewohnt, dass viele am Anfang immer noch ein schlechtes Gewissen haben, wenn sie zu einem weiteren Stück Torte greifen. „Hat die nicht furchtbar viele Kalorien?" Antwort: Ein Achselzucken. Das ist völlig egal. Der Kalorienbegriff ist zwar nicht völlig überflüssig, aber doch veraltet und nicht zeitgemäß. Bestes Beispiel: Wenn ich reine Rohkost esse, so ist das wahre Luxus-Rohkost mit vielen Nüssen und sogenannten schweren Speisen. Dennoch nehme ich regelmäßig dabei ab.

Gar kein Beispiel habe ich für Obstsalat gegeben. Einen schlichten Obstsalat kann jeder machen: Obst klein schneiden, mit 1 EL Zitronensaft und ein paar gehackten Nüssen oder Mandeln verrühren, das war's!

Apfelpüree

Den Apfel ungeschält und mit Kerngehäuse grob zerkleinern, mit den restlichen Zutaten außer dem Zimt gut pürieren. Das Apfelpüree mit Zimt bestreuen.

Tipp:
Je stärker der Mixer, umso glatter wird das Ergebnis. Alle Varianten schmecken. Wer es noch einfacher haben will, püriert einfach einen Apfel mit etwas Zitrone und Wasser – sind die Äpfel richtig aromatisch, ist das schon ein köstlicher Genuss.
Statt Äpfeln eignet sich auch anderes Obst wie Zwetschken, Nektarinen, Aprikosen und Birnen. Wenn das Obst sehr sauer ist, kann man vorsichtig mit ein wenig Honig „nachhelfen".

1 Apfel (100 g)
10 g Zitronensaft
20 g gekeimter Einkorn (Keimzeit ca. 24 Std.)
50 g Wasser
1 Msp. Zimt

Bananencreme-Eis

Banane schälen, mit Zitronensaft und Mandeln pürieren. Gefrorene Bananenscheiben und Eiswürfel hinzugeben und alles in einem Hochleistungsmixer bis zur Eisbildung vermischen.

Tipp:
Wer keinen Hochleistungsmixer hat, kann sich natürlich auch leckeres Eis machen. In diesem Fall bieten sich diverse Rezepte mit Sahne an. Tiefgekühlt und dann wieder angetaut schmeckt das durchaus lecker. Dieses Eis aus einem Mixer mit Umdrehungszahlen über 30 000 Upm ist für mich bisher ungeschlagen – nur Obst, vielleicht Nüsse und gefrorenes Wasser ergeben ein Cremeeis, das jedes Eiscafé-Produkt aus dem Rennen wirft. Auch wenn ich sonst ein großer Fan der Küchenmaschinen mit Kochmöglichkeit bin – das können sie mit ihren Umdrehungszahlen um die 10 000 Upm einfach nicht so perfekt.

1 Banane (130 g netto)
20 g Zitronensaft
20 g Mandeln
130 g gefrorene Bananenscheiben
90 g Eiswürfel

Feine Schokoladenrosen

50 g Kakaobutter
30 g Kakaonibs
40 g Cashewnussmus
10 g Walnussöl
30 g Honig
1 Msp. gem. Vanille

Kakaobutter bei 37 °C zerlassen (entweder 15 Min. in einer Küchenmaschine mit Kochmöglichkeit, 37°C, Stufe 1, oder einem Dörrgerät). Alternative: im Kochtopf oder einer kleinen Pfanne auf der niedrigsten Einstellung, dabei immer den Finger auf den Boden halten, solange es angenehm ist. Sobald es deutlich warm wird wie „ein bisschen Fieber", ausschalten und nach einer Weile wieder einschalten. So fortfahren, bis die Masse flüssig ist. Wer nicht auf Rohkost achtet, erhitzt einfach auf der niedrigsten Stufe der Herdplatte, bis die Masse geschmolzen ist. Kakaonibs im kleinen Becher eines kleinen Mixers mit dem flachen Messer ganz fein mahlen. Die übrigen Zutaten ebenfalls in den Becher geben, mit einem Löffel verrühren und 1 Min. im Mixer schlagen.
In Silikonpralinenförmchen gießen, im Kühlschrank fest werden lassen, aus der Form drücken und in fest verschließbaren Plastikbehältern im Kühlschrank aufbewahren.

Info:
Häufig höre ich: „Oh, mit diesen Zutaten werden das aber teure Pralinen!" Nun, wer jemals handgemachte Pralinen in einem entsprechenden Fachgeschäft gekauft hat, mag das umrechnen. Da kann der Preis für den geballten cremigen Geschmack mit zusätzlichem Gesundheitsmehrwert aber sehr gut mithalten! Außerdem wäre es schade, wenn die Herstellung von Pralinen und Schokolade plötzlich zum Dumpingpreis zu erreichen wäre – wo bliebe dann das Besondere an dem zarten Schmelzgenuss?

Mandelsplitter

25 g Kakaobutter
15 g Kakaonibs
20 g Cashewnussmus
5 g Walnussöl
15 g Honig
1 Msp. gem. Vanille
80 g Mandeln

Das Schmelzen der Kakaobutter ist bei „Schokoladenrosen“ (siehe linke Seite) beschrieben.
Kakaonibs im kleinen Becher eines kleinen Mixers mit dem flachen Messer ganz fein mahlen. Die übrigen Zutaten außer den Mandeln ebenfalls in den Becher geben, mit einem Löffel verrühren und 1 Min. im Mixer schlagen. Mandeln grob hacken (z. B. im Zerkleinerer) und die Schokolade darunter rühren.
Mit einem Teelöffel kleine Häufchen in Papierpralinenförmchen setzen, im Kühlschrank fest werden lassen und in fest verschließbaren Plastikbehältern im Kühlschrank aufbewahren.

Info:
Dieses Rezept eignet sich besonders für Anfänger, weil keine speziellen Förmchen erforderlich sind. Wer auch noch mit dem Kauf von Kakaonibs warten will, nimmt stattdessen Kakao, und zwar halb so viel wie von den Nibs (7,5 g). Und wer auch noch an der Kakaobutter überlegt – nimmt normale Butter oder Kokosöl. Das geht alles, ergibt nur jeweils eine neue Variante.

Erdbeertorte

Für den Teig:
1 kleiner Apfel (95 g)
1 Scheibe Zitrone (20 g; geschält, ohne Kerne)
50 g Macadamianüsse
50 g Sonnenblumenkerne
20 g Hirse
1 Prise gem. Vanille (für reine Rohkost weglassen)

Für das Obst:
250 g Erdbeeren (netto)

Für den Belag:
30 g Cashewnüsse
1 dünne Scheibe Zitrone (10 g; geschält, ohne Kerne)
10 g Haselnuss- oder anderes Nussöl
10 g Honig

Das Obst, mit dem hier belegt wird, lässt sich beliebig durch anderes Beerenobst austauschen. Auch Kiwis, Orangen oder Kaki sehen sehr hübsch aus. Wichtig ist, dass es kein Obst ist, das durch Luftkontakt oxidiert, das heißt braun wird. Dies trifft zum Beispiel für Äpfel und Bananen zu. Beträufeln mit Zitronensaft hilft da auch nur kurzfristig.
Der Boden enthält als einziges Süßungsmittel den Apfel. Wem das nicht süß genug ist, sollte eine Banane oder sogar eingeweichte und pürierte Trockenfrüchte nehmen.
Statt der Hirse können Sie auch Haferflocken oder ein anderes gemahlenes Getreide verwenden. Hirse gibt dem Boden den schönen „Biss", den Sie mit Hafer nicht bekommen.

Den Apfel mit der Zitrone zu Mus verarbeiten (z. B. in einem kleinen Mixer). Nüsse, Kerne und Hirse in einem kleinen Mixer jeweils getrennt mahlen. (Die kleinen Mixer können nicht gut mehr als 50 g auf einmal verarbeiten, sonst geht das natürlich auch in einem Schritt). Das Mahlgut mit der Vanille unter den Apfelbrei rühren.
Eine kleine Springform (18 cm) mit Alufolie auslegen. (Man kann auch einen Dessertteller mit geradem Boden nehmen.) Den Teig darauf ausstreichen.
Die Erdbeeren putzen (wenn nötig waschen, das Grün entfernen), halb durchschneiden und mit der Spitze zur Mitte gerichtet in Kreisen eng auf den Boden drücken. (Die Menge ist für eine Einzelperson gut für den Verzehr in 1–3 Tagen geeignet. Wer eine komplette Springform füllen möchte, nimmt von allem die 2,5-fache Menge.)
Für den Belag die Cashewnüsse in einem kleinen Mixer fein mahlen, dann die anderen Zutaten hinzugeben und zu einer glatten Masse mixen. Mit einem Teelöffel Tupfer auf die Erdbeeren setzen. Mindestens 1–2 Std. in den Kühlschrank stellen, damit der Teig etwas fester wird.

Tipp:
Wer den weichen Teig nicht mag, kann ihn auch in einem Dörrgerät erst einmal einige Stunden antrocknen.

Haselnuss-Schnitten Manuta

Das Schöne an diesem Rezept ist – Sie können es in einem bescheidenen kleinen Mixer herstellen. Geschmacklich ist es ein echter Knüller. Diese Variante ist sehr süß, wer stärker das Nussaroma schmecken möchte, sollte für die Füllung nur 50 g Honig nehmen.

Für den Teig die Nüsse und den Buchweizen in 50-g-Portionen in einem kleinen Mixer oder zusammen in einem großen Mixer mahlen. Mit Salz, Honig und Wasser zu einem Teig verkneten. Halbieren. Jede Hälfte zwischen zwei Stück Haushaltsfolie in Größe eines Frühstücksbrettchens ausrollen. Auf einem solchen Brettchen in den Kühlschrank stellen, bis die Füllung fertig ist. Für die Füllung Kakaobutter schmelzen, das Schmelzen ist bei „Schokoladenrosen" (s. S. 130) beschrieben. Kakaonibs in zwei Portionen fein mahlen, Haselnüsse in zwei Portionen nicht zu fein mahlen, es soll noch ein wenig „Biss" bleiben. Mit den restlichen Füllungszutaten verrühren. Gleichmäßig auf eine Teigplatte auftragen, die zweite Platte darauf legen. Die Ränder glatt schneiden, den abgeschnittenen Teil schräg in Stücke schneiden (lässt sich noch als Konfekt anbieten). In die obere Platte mit der Gabel ein Muster einstechen, die Platten im Kühlschrank 2–3 Std. ruhen lassen, dann in Quadrate schneiden.

Für den Teig:
50 g Cashewnüsse, 50 g Mandeln
50 g Sonnenblumenkerne, 80 g Buchweizen
1 Prise Salz
25 g dünnflüssiger Honig, 30 g Wasser

Für die Füllung:
50 g Kakaobutter
100 g Kakaonibs oder geschälte Kakaobohnen
100 g Haselnüsse, 100 g Honig, 15 g Haselnussöl

Beige Täfelchen (s. Foto S. 128)

Das Schmelzen der Kakaobutter ist bei „Schokoladenrosen" (s. S. 130) beschrieben. Alle Zutaten in den kleinen Becher eines kleinen Mixers geben und mit dem flachen Messer 1 Min. mixen. In Silikonpralinenförmchen (Schokoladenplättchen) gießen, im Kühlschrank fest werden lassen, aus der Form drücken und in fest verschließbaren Plastikbehältern im Kühlschrank aufbewahren. Auf S. 128 habe ich diese Masse in runde Förmchen gegossen.

50 g Kakaobutter
15 g Kokosöl
40 g Mandelpaste
30 g Honig

Info:
Kokosöl ist ein hochwertiges Lebensmittel und nicht zu verwechseln mit dem ausgehärteten Fett, das man üblicherweise billig kaufen kann! Wer es nicht bekommt, lässt es weg und nimmt stattdessen 60 g Kakaobutter. Wer eine richtig weiße Schokolade haben möchte, muss Cashewnussmus oder Mandelmus aus blanchierten Mandeln nehmen, das ist dann allerdings keine Rohkost mehr.

Frischkost-Frühstück

Die Frischkost-Frühstücke unterscheiden sich grundsätzlich vom normalen Vollwertfrühstück dadurch, dass keine Sahne enthalten (ist immer pasteurisiert!) und das Getreide nicht notwendigerweise ein Bestandteil ist. Also „darf es" morgens auch einmal ein reiner Obstsalat sein. Ebenso liegt bei der Verwendung der anderen Zutaten das Augenmerk hier verstärkt darauf, dass alles Rohkostqualität hat: die Nüsse zum Beispiel. Auch Kokosraspeln, Kakaonibs usw. sollten diese Qualität aufweisen. Wer keinen Wert auf Rohkost legt, kann diese Variationen in sein normales Frischkorngericht-Repertoire aufnehmen.

Hier können Sie vermehrt auf das Rezept von Dr. Evers mit den gekeimten Sprossen zurückgreifen. Allerdings schmecken Getreidekeime nicht jedem – im dem Fall können Sie sie mit dem Obst pürieren. Da bleiben die Nährstoffe erhalten, der „eigenartige" Geschmack verschwindet.

Auch ein schlichter Obstsalat mit Nüssen und etwas Zitronensaft ist schon ein herrlicher Tageseinstieg.

Des Kollegen Wunschfrühstück

Getreide am Vorabend mittelgrob schroten und in dem Wasser über Nacht abgedeckt (aber nicht im Kühlschrank) einweichen. Walnüsse getrennt in etwas Wasser quellen lassen.
Morgens dann in einem kleinen Mixer Zitronenscheibe, geschälte Banane und geschälte Orange pürieren, unter den Schrot rühren. Den Apfel in Würfel schneiden und ebenfalls unterziehen. Mit Kokosraspeln bestreuen und die abgetropften Walnüsse darauf verteilen.

Info:
Es hat sich bei uns im Büro so eingebürgert, dass mein Kollege etwas früher kommt und ich ihm ein Frühstück vorsetzte. Ob ich die Menge für eine oder für zwei Personen vorbereite, macht kaum einen Unterschied. Dieses Frühstück war eine Weile sein erklärter Liebling.

60 g Sechskorngetreide
100 g Wasser
20–30 g Walnusskerne
1 Zitronenscheibe (15 g; geschält, ohne Kerne)
1 Banane (110 g netto)
1 Orange (160 g netto)
1 kleiner Apfel (120 g)
1 EL Kokosraspel.

Gefüllte Melone (s. Foto S. 134)

Wenn Sie darauf achten, dass Sie Obst und Gemüse in der entsprechenden Saison kaufen, möglichst noch regional, stellen Sie mit Erstaunen fest, dass Nachsüßen oder Nachwürzen gar nicht nötig ist. Deshalb enthält dieses Rezept ursprünglich auch keinen Honig – die Erdbeeren waren so süß, Melone und Apfel so aromatisch, dass jeder Honig nur einen Einheitsgeschmack daraus gemacht hätte.

Die Kerne aus der Melone entfernen. Das Melonenfleisch auskratzen, 100 g für das Frühstück beiseitelegen, den Rest für eine andere Mahlzeit aufbewahren (z. B. mit ein paar Erdbeeren als Shake servieren oder für ein Eis einfrieren).
Die gewaschenen Erdbeeren ohne Stiel halbieren. Das Melonenfleisch klein schneiden. Den Apfel mit Kerngehäuse und Schale in Streifen schneiden. Den Hafer flocken, mit dem Obst verrühren und in die leere Melone füllen.
Die restlichen Zutaten in einem kleinen Mixer zu einer Paste schlagen und oben auf das Müsli setzen. Mit einer Erdbeere dekorieren.

1/2 Netzmelone (oder Honigmelone)
100 g Erdbeeren (netto)
1 kleiner Apfel (100 g)
30 g Nackthafer
10 g Mandeln
10 g Zitrone (geschält, ohne Kerne)
10 g Haselnussöl (oder 10 g Honig, wenn das Obst nicht süß genug ist)
20 g Wasser
evtl. 1 Scheibe getrockneter Apfel

Frischkost-Getränke

Über Getränke finden Sie in den meisten Vollwerternährungsbüchern nicht viel. Dr. Bruker empfiehlt Leitungswasser. Allerdings war das zu einer Zeit, als die Wasserqualität nicht so dubios war wie heute oder man sich der Problematik zumindest nicht bewusst war. Auch wenn Sie das Wasser aufbereiten, z. B. aktives basisches Wasser trinken, wünschen Sie sich hin und wieder etwas Besonderes. Das gilt genauso für die Frischkost. Statt eines Salats vor dem Essen mal einen Erdbeershake, was spricht dagegen? Zu unterscheiden sind diese Drinks von den Smoothies, die zwar modern, aber wegen ihrer Nähe zu den Obstsäften nicht wirklich empfehlenswert sind.

Bei den Getränken können Sie auch schön mit den Süßungsmitteln der Vollwerternährung (Honig und Trockenfrüchte) spielen, d.h. austesten, ob Sie überhaupt noch Süßungsmittel brauchen. Ich trinke Kakao mittlerweile besonders gerne kalt und ohne „Zusätze". Dann allerdings aus Kakaonibs oder Kakaobohnen hergestellt.

Kalte Getränke können Sie zum Beispiel auch als Kaltschale nach dem Essen als Dessert anbieten. Dann ist die Gefahr geringer, dass Sie Ihren Körper durch eiliges Trinken mit einem Nährstoffschwall überladen.

Erdbeershake

Dieser Shake lässt sich mit jeder anderen Beerensorte, Ananas, Melone, Banane usw. genauso gut herstellen. Man sollte dann nur bei der Honigzugabe vorsichtig sein, die sich nach dem Reifegrad des Obstes richtet. Im Sommer kann man statt Wasser auch Eiswürfel hinzufügen. Die Nusssorte ist beliebig.

20 g Macadamianüsse
100 g Erdbeeren (netto)
5 g Zitrone (geschält, ohne Kerne)
250 g Wasser
1 TL Honig

Herstellung in einem kleinen Mixer, großer Becher.
Nüsse mit dem flachstehenden Messer mahlen. Erdbeeren, Zitronenstück und 100 g Wasser hinzugeben, gut durchmixen.
Mit 150 g Wasser auffüllen, nochmal durchschlagen. Mit Honig abschmecken.
Gläser zum Beispiel mit getrockneten Zitronenscheiben dekorieren.

Kühler Kakao

Dieser Kakao hat Rohkostqualität. Man kann ihn natürlich auch mit heißem Wasser zubereiten, 1 EL Sahne oder etwas Honig hinzugeben – ganz nach Geschmack. Um das Geschmackserlebnis „Schokolade“ richtig zu erfahren, lohnt es, einmal diesem Rezept zu folgen! Mir ersetzt so ein Kakao das Frühstück, wenn mir ein Frischkorngericht einmal zu reichlich ist. Der kühle Kakao aber gibt Getreideschwung und Kakaomunterkeit.

15 g Kakaonibs
15 g Sonnenblumenkerne
10 g Buchweizen (oder Hirse/Gerste)
125 g Pflanzenmilch (s. S. 170)
200 g Wasser

Herstellung in einem kleinen Mixer, großer Becher.
Nibs, Kerne, Getreide und Pflanzenmilch 40 Sek. mit dem flachen Messer durchschlagen. Mit 200 g Wasser auffüllen, nochmals durchschlagen.
Mit einem Hochleistungsmixer mit Umdrehungszahlen über 30 000 UpM ergibt sich eine feine Emulsion, die an der Oberfläche schäumt.

Konservieren

Seit alters her werden Lebensmittel konserviert, früher geschah das aus Not: Wie sollte man den Winter überstehen, wenn draußen kaum etwas wächst? Noch unsere Großmütter kochten regelmäßig ein. Wobei Einkochen heute nicht mehr zeitgemäß ist, denn dabei werden alle Vitalstoffe „kaputt gekocht".
Andere Methoden haben sich bis heute gehalten und sind in ihrem hohen Wert erkannt, wie zum Beispiel die Sauerkrautherstellung. Wer Sauerkraut kaufen möchte, sollte unbedingt darauf achten, dass die Ware nicht pasteurisiert ist – das heißt nämlich einfach, dass das Sauerkraut zwecks längerer Haltbarkeit über 70 °C erhitzt wurde. Schade, viele Nährstoffe gehen so schon verloren.
Auch für die Konservierung gilt: Dank moderner Technik kann jeder im eigenen Haushalt Dinge produzieren, die früher nur der Lebensmittelindustrie vorbehalten waren, wie Dörren und Trocknen. Einfache Dörrgeräte gibt es häufig im Sonderangebot. Sie garantieren zwar keine Rohkostqualität, für den Einstieg eignen sie sich dennoch gut.

Aus einem Grundrezept können Sie eins-zwei-drei eine neue Variante machen, indem Sie Kleinigkeiten ändern: ein anderes Kraut oder auch ein paar Scheiben frischer Meerrettich peppen die Gurken auf.

Wofür noch **konservieren?**

Wir können heute praktisch alles im Laden nebenan in bester Qualität frisch kaufen, warum also noch konservieren? Dafür gibt es verschiedene Gründe. Für mich persönlich steht an erster Stelle, dass ich einfach unabhängiger bin. Wenn ich selbst meine frischen Kräuter in der Saison in Öl einlege und sie so haltbar mache, muss ich sie nicht in einer anderen Jahreszeit teuer kaufen und somit dem Gedanken des saisonalen Einkaufs zuwiderhandeln. Wenn ich selbst mein Sauerkraut herstelle, weiß ich genau, was ich hinein getan habe. Sie können im eigenen Heim Variationen herstellen, die es nicht zu kaufen gibt, zum Beispiel Rotkohl als Grundlage nehmen und einige geschälte Knoblauchzehen hinzugeben. Dazu kommt bei mir noch die Faszination, dass Dinge so simpel funktionieren, die ich früher für ein großes Geheimnis hielt, nur weil sie mit viel Umstandskrämerei verbunden zu sein schienen. Sauerkraut? Das klang nach stundenlangem Wirbeln in der Küche und riesigen Keramiktöpfen im Keller. Dörren und Trocknen? Dafür brauche ich einen großen Speicher und tropische Temperaturen, die hier häufig auch im Sommer gar nicht erreicht werden. Mein erstes Sauerkraut, meine ersten eingelegten Gurken waren für mich so ungeheuer spannend, weil ich nie glaubte, dass mir das wirklich gelingt.
Auch das Einlegen in Essig, Öl und sogar Honig ist mittlerweile Standard in meiner Küche. Ich habe Freunde mit einem großen Garten, die mir immer großzügig von ihren Kräutern etwas mitgeben. Wie soll ich dem in einem Single-Haushalt Herr werden? Wenn ich sie einlege, habe ich noch bis zu einem Jahr Freude und Genuss daran.
Lange habe ich das saure Einlegen von Gurken gescheut. Mehrmals Wasser aufkochen und austauschen, das klang ja schon wieder nach furchtbar viel Umstand, und ich liebe doch die schnellen, unkomplizierten Dinge! Schließlich habe ich eine ganz einfache Methode ausprobiert – mit Erfolg! Zwar halten sich die auf diese Weise eingemachten Gurken vermutlich nicht viel länger als ein Vierteljahr, aber es hat mir viel Spaß gemacht zu staunen, dass sie keinen Schimmel ansetzen.
Last but not least bekommt man bei eigener Herstellung auch Einblick in Produktionsprozesse, wenn auch in kleinem Stil. Das erhöht Verständnis genauso wie Kritikfähigkeit.

Konservieren-Milchsauer

Die milchsaure Gärung, die aus dem Weißkohl das Sauerkraut macht, ist die einzige Konservierungsmethode, die den Nähr- und Gesundheitswert des ursprünglichen Produkts steigert statt ihn zu reduzieren. Für Menschen, die komplett auf Tiereiweiß verzichten möchten oder sollten, ist das milchsauer eingelegte Gemüse neben den Sprossen ein essentieller Pfeiler der Ernährung, weil es ein wichtiger Lieferant von Vitamin B12 ist. Auch für Rohkostphasen ist diese Konservierung geeignet.
Sauerkraut herzustellen gilt als schwierig, dies ist ganz klar ein Vorurteil. Die milchsaure Gärung vollzieht sich fast von alleine und ist daher viel einfacher als Lebensmittel einzukochen. Wir bekommen heute Gläser in verschiedenen Größen, die fest verschließbar sind. Dies kommt dem Single-Haushalt entgegen, in dem ein 10-Liter-Steinkrug für die Sauerkrautherstellung in den meisten Fällen überdimensioniert ist. Wer keinen Keramikstopfer zum Zusammendrücken des Krauts besitzt, kann beispielsweise auch einfach ein kleines lebensmittelechtes Gefäß verwenden.

Wichtig für die Herstellung von Sauerkraut ist ein kühler, aber frostfreier Raum. Mein erstes Sauerkraut habe ich im Sommer hergestellt, da herrschte in dem Keller eine Temperatur von 15–17 °C. Ganz ohne kühleren Raum wird es schwierig.

Apfelsauerkraut

Dank schöner gut verschließbarer Gläser ist es heute auch möglich, Sauerkraut in kleineren Portionen zuzubereiten. Auch stelle ich lieber zwei oder drei verschiedene Sorten Sauerkraut her als eine Riesenportion einer Sorte. Grundsätzlich können Sie jedes Gemüse sauer einlegen, Kohl ist für Anfänger besonders geeignet.

1 Weißkohl (ca. 1,7 kg)
40 g Salz
2 kleine Äpfel (ca. 170 g)
20 Wacholderbeeren
6 Lorbeerblätter

Weißkohl in feine Streifen schneiden oder hobeln. Ich mache mir da die Arbeit einfach und zerkleinere portionsweise in einer leistungsstarken Küchenmaschine.
Die Portionen abwechselnd mit Salz in eine große Schüssel schichten. Den Kohl einmal gründlich durchkneten, abdecken und 1 Std. ruhen lassen. Der Kohl sollte dann schon etwas Wasser gezogen haben. Nochmals gut durchwalken.
Äpfel in Scheiben schneiden (mit Kerngehäuse und Schale) oder grob raspeln. Das Einmachglas (Fassungsvermögen ca. 2 l) erst mit heißem (damit das Glas nicht platzt), dann mit kochendem Wasser ausspülen. Weißkohl hineingeben, zwischendurch Wacholderbeeren, Lorbeerblätter und Apfelscheiben dazugeben. Stößel auf die Oberfläche setzen, verschließen.
Das Glas zwei bis drei Tage bei Zimmertemperatur dunkel stehen lassen, sechs Wochen dunkel im Keller reifen lassen.

Tipp:
Für das Ansäuern bei Zimmertemperatur stelle ich die Gläser in einen Schrank auf einen großen Pizzateller. Der Pizzateller fängt Flüssigkeit auf, falls das Glas einmal überlaufen sollte, was bei der Gärung durchaus geschehen kann.

Ich fülle das fertige Sauerkraut in kleinere Gläser mit Schraubdeckel um, die ich im Kühlschrank aufbewahre. Man kann das Sauerkraut auch noch zwei bis drei Wochen länger reifen lassen, es wird deutlich saurer.

Rotsauerkraut

Rotkohl, insgesamt etwa 1,8 kg
40 g Salz
20 Wacholderbeeren
6 Lorbeerblätter

Dies ist ein ganz schlichtes Sauerkrautrezept unter Verwendung der traditionellen Gewürze, allerdings mit Rotkohl.

Rotkohl in feine Streifen schneiden oder hobeln, entweder mit der Hand oder mit der Maschine. Portionsweise in eine große Schüssel geben, abwechselnd mit jeweils etwas Salz schichten. Einmal gründlich durchkneten, abdecken und 1 Std. ruhen lassen. Der Kohl sollte jetzt schon etwas Wasser gezogen haben. Nochmals gut durchwalken.
Ein Einmachglas (Fassungsvermögen 2 l) erst mit heißem, dann mit kochendem Wasser ausspülen. Rotkohl hineingeben, zwischendurch Wacholderbeeren und Lorbeerblätter dazugeben. Stößel auf die Oberfläche setzen, verschließen. Das Glas zwei bis drei Tage bei Zimmertemperatur dunkel stehen lassen (z. B. auf einem größeren Pizzablech in einem Schrank), sechs Wochen dunkel im Keller reifen lassen.

Tipp:
Ich fülle das fertige Sauerkraut in kleinere Gläser mit Schraubdeckel um, die ich im Kühlschrank aufbewahre. Man kann das Sauerkraut auch noch zwei bis drei Wochen länger reifen lassen, es wird deutlich saurer.

Das Rotsauerkraut schmeckt zusammen mit Stampfkartoffeln.

Saure Essiggurken

250 g Wasser
50 g Essig
10 g Salz
1 kleine Salatgurke (ca. 140 g)
3 Büschel Dill (Stiele, keine Bündel)
5 Wacholderbeeren

Wasser aufkochen, mit Essig und Salz verrühren. Ein leeres Honigglas mit kochendem Wasser ausspülen.
Gurke in Scheiben schneiden. Mit Dill und Wacholderbeeren in das Honigglas geben, mit dem Essigsud bis oben auffüllen.
Glas fest zudrehen und zwei bis drei Tage bei Zimmertemperatur dunkel stehen lassen (z. B. auf einem größeren Pizzablech in einem Schrank), zehn Tage dunkel im Keller reifen lassen. Hält sich im Kühlschrank etwa drei Monate.

Sauermelder

Gemüsemelde gründlich waschen, abtropfen lassen und ein wenig „auswringen“. In feine Stücke schneiden. Kohl ebenfalls möglichst fein mit der Hand schneiden. Beides mit Salz vermengen. Einmal gründlich durchkneten, abdecken und 1 Std. ruhen lassen. Das Gemüse sollte nach dieser Zeit schon etwas Wasser gezogen haben. Nochmals gut durchwalken.
Ein Einmachglas (Fassungsvermögen 1 l) erst mit heißem, dann mit kochendem Wasser ausspülen. Gemüse hineingeben, zwischendurch Wacholderbeeren und geschälte Knoblauchzehen schichten. Stößel auf die Oberfläche setzen, verschließen.
Das Glas zwei bis drei Tag bei Zimmertemperatur dunkel stehen lassen (z. B. auf einem größeren Pizzablech in einem Schrank). Falls die Flüssigkeit nach zwei Tagen nicht mindestens bis zur Hälfte der Glashöhe reicht, mit abgekochtem Wasser auffüllen. Sechs Wochen dunkel im Keller reifen lassen.

Tipp:
Der Sauermelder schmeckt sehr gut mit einer Rohkost, zum Beispiel aus 60 g Kohlrabi, geschält und gestiftelt, 65 g Tomaten in Achteln, 50 g Möhren in Scheiben und 20 g frischen Maiskörnern.

250 g Gemüsemelde oder Spinat (netto)
60 g Weißkohlblätter
125 g Rotkohlblätter
10 g Salz
4 Wacholderbeeren
6 Knoblauchzehen

Dauerjohannisbeeren

Ein kleines Gewürzglas mit kochendem Wasser ausspülen. Alle Zutaten hineingeben und das Glas fest zudrehen.
Zwei bis drei Tage bei Zimmertemperatur dunkel stellen (z. B. auf einem größeren Pizzablech in einem Schrank) und zehn Tage im Keller reifen lassen. Hält sich im Kühlschrank einige Wochen.

Tipp:
Dies ist eine aparte und schmackhafte Dekoration für anderes, helles Sauerkraut oder auch für Kartoffelpüree.

60 g rote, weiße und rosa Johannisbeeren (netto)
5 g Salz
1/2 Zimtstange
10 g Essig
55 g kochend heißes Wasser

Konservieren-Trocknen

In der „Rohkost-Szene" ist Dörren und Trocknen seit einiger Zeit angesagt. Keine Mahlzeit, in der nicht mindestens zwei Bestandteile den Dörrautomaten durchlaufen haben – denn bei richtiger Temperatur, so argumentieren die Rohköstler, bleiben ja alle lebenswichtigen Stoffe erhalten, kein Enzym stirbt ab.

Das stimmt so nicht ganz. Denn alle wasserlöslichen Bestandteile der Pflanzen (und auch von Fleisch beispielsweise, das ja in älteren Zeiten ebenfalls getrocknet wurde) gehen mit dem Trockenvorgang verloren. Datteln und Feigen gibt es vorwiegend getrocknet zu kaufen. Wenn nicht der luftfahrtintensive Direktimport benutzt werden soll, ist das die einzige passable Transportmöglichkeit. Bei Tomaten spricht noch dafür, dass wir sie getrocknet im Winter für Pizza und ähnliche Gerichte weiterverwenden können. Gemüse getrocknet ist eine abwechslungsreiche Dekoration, genau wie Obst, das auch für Tees ein willkommener Grundstock ist.

Grundsätzlich sollte das Frische immer Vorrang vor dem Getrockneten haben – wenn man hier einmal den Spaßfaktor des Selbertrocknens beiseite lässt.

Getrocknete Äpfel

Äpfel – wenn schmutzig – waschen und trocknen, weder schälen noch das Kerngehäuse entfernen. Das ist meiner Erfahrung nach nicht nötig, mit Schale und Kerngehäuse bleiben die Apfelstücke saftiger. Äpfel in etwa 3–4 mm dicke Scheiben schneiden.
Wer ein Dörrgerät hat, trocknet die Scheiben darin 20–24 Std. bei 41 °C, zwischendurch eventuell drehen. Zur Not bei 50 °C im Ofen oder im Sommer ausgebreitet auf saugfähigem Papier in der Sonne trocknen.

Info:
Die getrockneten Äpfel lassen sich zusammen mit Nüssen herrlich als kleine Knabberei anbieten. Klein geschnitten und mit Ingwer gewürzt ergeben sie einen leckeren je nach Wunsch kalten oder warmen Tee. Weiterhin können Sie sie auch in Öl oder Honig einlegen.

1 kg aromatische Äpfel wie Elstar, Boskop oder Cox Orange

Getrocknete Tomaten

Nach dem Trocknen sind die Tomaten anschließend schön zum Einlegen in Öl, zum Beispiel wie in einem anderen Rezept beschrieben (s. S. 153).

Früchte halbieren und mit der Schnittstelle nach oben auf die Einschübe eines Dörrgeräts oder eines Backblechs legen. Bei etwa 70 °C trocknen, bis sie „schrumpelig“ sind. Sie dürfen beim Anfassen nicht mehr feucht sein.

Info:
Tomaten in Rohkostqualität zu trocknen ist meiner Erfahrung nach schwierig, weil dies sehr lange dauert oder die Tomaten vorher zu schimmeln beginnen.

2 kg reife, feste Tomaten

Getrocknete Zucchini

1 Zucchini

Die Zucchini eignen sich gut zum Einlegen in Öl oder als Dekoration für Suppen und Salate.

Zucchini waschen. Die Enden entfernen, die Frucht in 4–5 mm dicke Scheiben schneiden und 20 Std. im Dörrgerät (42 °C) oder Ofen (kleinste Einstellung) trocknen lassen.

Marktreste

Grün von 2 Kohlrabi
Grün von 1 Blumenkohl

Wenn ich Kohlrabi einkaufe, will der Bauer immer die „Ohren" abreißen. Jedes Mal rufe ich: „Oh nein, bitte dran lassen!" Ich verwerte diese Blätter genau wie das Grün am Blumenkohl. Beides lässt sich sehr gut als Gemüse kochen, aber auch in Pesto, Kräutersalz und Gemüsebrühextrakt verarbeiten. Wenn ich weiß, dass ich das Grün nicht am Einkaufs- oder nächsten Tag verbrauche, trockne ich es. Da ist es immer eine schöne Beigabe in Gemüsesuppen oder Dressings.

Grün vom Gemüse entfernen, ggf. waschen. Auf zwei Einschüben eines Dörrgeräts verteilen und 24 Std. bei 41 °C trocknen. Das Blumenkohlgrün benötigt gelegentlich noch 12–24 Std. länger, weil es dicker ist.
Wer kein Dörrgerät besitzt, trocknet das Gemüse im Backofen und verzichtet auf die Rohkostqualität.

Kräutersalz

Beschrieben wird ein gemischtes Gemüsesalz. Wer möchte, kann statt Gemüse ausschließlich Kräuter nehmen. Auch hier kann man sich zwischen normalen käuflichen Kräutern oder selbst gesammelten Wildkräutern entscheiden.

130 g getrocknetes Gemüse oder Kräuter
650–800 g Salz

Gemüsereste (Spargelschalen, Endstücke, Kohlstrünke, oder auch zu altes Gemüse) und Kräuter grob zerkleinern und im Dörrapparat trocknen, bis sie zerbröseln. (Wer Wert auf ein Rohkostsalz legt, darf die Temperatur nicht über 40 °C stellen.) Wer keinen Dörrapparat besitzt, kann das Gemüse auf einem Backblech ausbreiten und auf kleinster Temperatur trocknen.
Es wird jeweils die fünf- bis sechsfache Salzmenge, berechnet auf das Gemüsetrockengewicht, hinzugegeben.
In einen kleinen Mixer passen 10 g. Getrocknetes Gemüse in einem kleinen Becher 30 Sek. mit dem flachen Messer schlagen, mit etwa 50–60 g Salz zusammen nochmals 10 Sek. hacken.
In Hochleistungsmixern: 65 g getrocknetes Gemüse pulverisieren. Mit 400 g Salz mischen, nochmals schlagen und man erhält ein feines Kräuter- bzw. Gemüsesalz.

Tipp:
Am besten ist es, wenn man das Salz zubereitet, bevor man eine Suppe oder ähnliches kochen möchte. Dann muss man die Küchenmaschine nicht saubermachen, sondern kann die feinen Reste mitverwerten, indem man die Suppe gleich in der Küchenmaschine püriert.

Konservieren-Einlegen

Im Gegensatz zum Trocknen bleiben beim Einlegen in Öl, Essig oder Honig auch die wasserlöslichen Bestandteile erhalten. Zwar gilt auch hier: Frisch ist schöner und besser als eingelegt. Aber Bärlauch gibt es zum Beispiel nicht das ganze Jahr über, und in Öl eingelegt behält er seinen Geschmack viel eher als nach dem Trocknen. Der einzige Nachteil dieser Konservierung für mich ist, dass die Produkte einfach mehr Platz erfordern als Trocknen. Einmal getrocknet, nehmen Kräuter ja wesentlich weniger Raum ein, als wenn Sie dieselbe Menge in Öl und Salz einlegen. Ein weiterer Nachteil ist, dass ich in Öl eingelegte Lebensmittel der Sicherheit halber im Kühlschrank aufbewahre. Da sind die getrockneten Kräuter umweltfreundlicher, denn außer einem kleinen Glas oder einer Tüte brauchen sie gar nichts. Ähnlich wie in Öl können Sie auch in Honig einlegen. Ein Rezept ist gewürzter Honig, außerdem ist es auch eine echte Konservierungsmethode. Zitronenscheiben in Honig haben sich bei mir schon über ein Jahr gehalten, ebenso wie übrigens auch Zitronenscheiben in Öl.

Wer gerne in Essig oder Öl einlegt, wird bald bemerken, dass der Kühlschrank etwas eng wird. Wenn Sie möglichst alles selbst herstellen möchten, ist die Anschaffung eines zweiten Kühlschranks eine Überlegung wert.

Oregano-Öl

Diese Kräuteröle sind ein feines Mitbringsel – einfach ein schönes Bändchen um den Flaschenhals binden und fertig.

Oregano waschen und sehr gut trocknen lassen. In eine leere 500-ml-Flasche geben und mit Öl auffüllen.

Info:
Dieses Öl hält sich im Kühlschrank gut ein Jahr. Wer Olivenöl verwendet, sollte sich nicht wundern, wenn die Masse im Kühlschrank fest wird, denn Olivenöl hat einen sehr hohen Gefrierpunkt. Bei Raumtemperatur wird das Öl wieder flüssig. Andere Kräuter (Thymian, Salbei, Majoran, Rosmarin oder Liebstöckel) können auf dieselbe Weise verwendet werden.

4–5 Zweige frischer Oregano
ca. 450–470 g Sonnenblumenöl

Red Pepper in Vinegar

Stängelansatz und „Kappe" von den Chilis abschneiden, die Schoten in ein kleines Gläschen mit Schraubverschluss geben, größere Exemplare vorher durchschneiden.
Glas mit Essig auffüllen. Im Kühlschrank aufbewahren und nach Bedarf entnehmen. Hält sich mindestens ein halbes Jahr.

ca. 20–25 g Red Pepper (Chilis)
100–200 g Apfelessig

Zitronenöl

Öl in eine leere 500-ml-Flasche (z. B. eine alte Sahneflasche) geben. Die Zitronen waschen. Eine halbe Zitrone in Scheiben schneiden, die Scheiben halbieren oder vierteln und in das Öl in die Flasche legen.
Die ganze Zitrone schälen (nicht zu dick) und die Schalen ebenfalls in das Öl geben.
Flasche gut verschließen, im Kühlschrank mindestens sechs Wochen ziehen lassen und anschließend auch gekühlt aufbewahren.

400 ml Öl
1 1/2 ungespritzte Zitronen

Info:
Sowohl Zitrone als auch Öl können verwendet werden. Im Kühlschrank hält sich das Öl mehrere Monate.

Limetten-Vanille-Honig

1 Limette
2 Stangen Vanille
ca. 450 g Honig

Limette (alternativ 1/2 Zitrone, s. Foto) waschen und in 3 mm dicke Scheiben, Vanille in 2 cm lange Stücke schneiden. Limette und Vanillestücke in ein leeres Honigglas geben und das Glas mit Honig auffüllen. Glas sehr gut verschließen und auf den Kopf drehen. So einige Wochen stehen lassen, bis der Inhalt gut durchgezogen ist. Ergibt einen sehr schön aromatisierten Honig, mit dem sich Obstspeisen süßen lassen.

Tipp:
Auch die Vanille kann für Puddings und Getränke weiterverwendet werden. Die Limettenscheiben, zerschlagen im Dressing, geben Salatsoßen den besonderen Pfiff. Ganz einfach herzustellen!

Habaneros in Honig

4 Habaneros (oder 8 rote/grüne Chilis)
1 Glas Akazienhonig (oder eine andere flüssige Honigsorte)

Tipp:
Als Alternative eignen sich auch frische oder getrocknete Chili oder Peperoni, die noch farbenfroher sind. In ein hübsches Glas verpackt, mit einem Schleifchen versehen, ist das Ganze ein nettes Party-Mitbringsel.

Habaneros sind wohl wirklich extrem scharf, frische Schoten soll man nur mit Handschuhen anfassen, wenn man empfindlich ist! Gut ist es, so heißt es, sie in Honig einzulegen, weil sie dann ihre Fruchtigkeit entfalten. Das gilt zwar für frische Habaneros, aber warum nicht mit getrockneten versuchen? Der Honig wird ein herrlich leicht scharfer Würzhonig!

Habaneros mit einer Schere klein schneiden. Alles in das Honigglas geben, Honig und Habaneros verrühren. Glas zuschrauben und bei Raumtemperatur aufbewahren.

Beinwellöl

65 g Beinwell, gewaschen und getrocknet
20 g Salz
150 g Sonnenblumenöl

Info:
Wer dieses Öl für ein Salatdressing verwendet, sollte die große Salzmenge berücksichtigen, die hier zwecks Haltbarkeit schon enthalten ist.

Beinwell ist ein Wildkraut mit Heilwirkung, das aber auch eine leichte toxische (giftige) Wirkung haben kann, daher nicht zu viel auf einmal davon essen. Die Ölverarbeitung ermöglicht es, dass Sie Beinwell länger zur Verfügung haben. Sie können es in kleinen Portionen verwenden. Mit anderen Wild- und Gartenkräutern lässt sich ein ähnliches Öl herstellen.

Beinwell zerkleinern, mit Salz und Öl in einem Mixer schlagen, bis die Masse glatt ist. Im Kühlschrank aufbewahren.

Zitronentomaten in Öl

Man kann hierfür fertig gekaufte Trockentomaten nehmen oder die Tomaten selbst trocknen. Dann sollte man sie allerdings in der Saison kaufen (August/September), wenn sie preiswert sind und das beste Aroma haben.

2 kg frische Tomaten oder 6–8 getrocknete Tomatenhälften
2 große Zitronen
2 TL grüner Pfeffer
ca. 300 g Sonnenblumenöl

Tomaten halbieren und bei 70 °C trocknen (bei niedrigeren Temperaturen dauert es wegen des hohen Wassergehalts zu lange).
Zitronen mit einem Sparschäler schälen, die Schalenstücke in 2–3 cm breite Stücke schneiden. Abwechselnd mit den getrockneten Tomatenhälften und dem grünen Pfeffer in ein Honigglas geben. Öl darüber gießen, bis oben mit Öl abgeschlossen ist. Glas verschließen und im Kühlschrank aufbewahren. Haltbarkeit mindestens ein Jahr.

Tipp:
Übrig gebliebene getrocknete Tomaten kann man einfach in Öl oder auch zusammen mit Rosinen in Öl einlegen (das ergibt eine gute Grundlage für ein süßliches Dressing).

Basics

Basics ist schönes Neudeutsch für „Grundlagen“. In diesem Modul sind viele der Dinge zusammengefasst, die Sie selbst machen können statt sie zu kaufen. Das hat verschiedene Vorteile: Es ist preiswerter, Sie haben die Kontrolle über die Zutaten und Sie können die Menge selbst bestimmen.

Häufig schmecken die selbst gemachten Grundlagen auch besser als das, was Sie fertig zu kaufen bekommen. Ganz ohne Technik kommen Sie hier nicht aus, denn gerade die modernen Küchengeräte ermöglichen erst den Zugang zum Selbermachen häufig da, wo das vor ein paar Jahren noch unmöglich war. Für die meisten glatt geschlagenen Soßen, Dips und Cremes reicht erstaunlicherweise ein kleiner kräftiger Mini-Mixer. Viele Dinge waren früher auch deshalb im eigenen Haushalt nicht möglich, weil entweder die Technik oder die entsprechende Zeit fehlte. So paradox es klingt: Die moderne Technik hilft uns dabei, naturnah zu essen.

Übrigens sind die Grundrezepte gute Wege, um in die Welt der Wildkräuter einzusteigen. Als ich vor drei Jahren damit angefangen habe, Wildkräuter zu sammeln und zu essen, war ich erst sehr misstrauisch. In ein Pesto eingearbeitet habe ich mich an den „wilden“ Geschmack gewöhnt. Wer noch ein wenig zaudert, kann in den entsprechenden Rezepten die Wildkräuter problemlos durch Vertrautes ersetzen.

Viele Kräuter lassen sich prima in Öl einlegen, entweder als Ganzes oder im Mixer zerkleinert.

Basisrezepte **aus der eigenen Küche**

Seit ich angefangen habe, meine Essensweise umzustellen, kaufe ich immer weniger vorgefertigte oder halbfertige Lebensmittel ein. Anfangs habe ich Reformhäuser und Bio-Läden noch nach Fertigsoßen und Backmischungen durchstöbert. Heute steht in meiner Küche kein verarbeitetes Produkt mehr, das ich nicht selbst hergestellt habe. Die einzige Ausnahme ist für mich noch Tomatenmark. Zum einen ist es ein Konzentrat, und somit nicht wirklich interessant, weil nicht dem Grundsatz „so natürlich wie möglich" getreu, und zum anderen sind Tomaten in Deutschland selbst im Saisonmonat August zu teuer und nicht aromatisch genug, um sie selbst zu Mark zu konzentrieren.
Aufstriche und Pestos aus diesem Kapitel sollen Beispiele sein. Mit kleinen Änderungen an Gewürzen – oder auch den anderen Zutaten – lässt sich problemlos eine ganze Palette unterschiedlichster Aufstriche herstellen. Wobei die Grenzen zwischen Aufstrichen und Pestos verschwimmen: Ich esse häufig auf dem Brot dünn gestrichen ein Pesto.
Ich glaube, Dr. Bruker formulierte es so treffend: „Der Aufschnitt wurde erfunden, damit die Menschen die minderwertige Qualität des Brots aus Auszugsmehl nicht mehr merkten". Frisches Brot mit ein wenig Butter oder auch einem schönen Öl und einer Prise Salz hat einen unvergleichlichen Geschmack. Daher käme ich nie auf die Idee, zum Beispiel ein ganzes Buch über Aufstriche zu verfassen.
Früher bin ich auch in Ehrfurcht erstarrt, wenn ich von Leuten hörte, die sich Senf selbst herstellten. Wow, das muss doch schwierig sein! Im Laufe der letzten Jahre habe ich gelernt, dass vieles ganz einfach ist.
Da ist zum Beispiel der Sauerteig! Wie gerne wird uns doch immer wieder eingeredet, das sei hochkompliziert. Bäckermeister warnen mit erhobenem Zeigefinger die „normale Hausfrau" davor, sich an so etwas Schwieriges wie einen Sauerteig zu wagen, der viel Feingefühl und Kenntnisse erfordere. Das mag so sein, wenn man mit einem Sauerteig fünfzig Brote auf einmal backen will. Für den täglichen Eigenbedarf ist die Sauerteigherstellung simpel, und ich wundere mich manchmal nur über die komplizierten Rezepte, die in manchen Büchern stehen. Je simpler Sie den Sauerteig herstellen und je mehr Sie ihm „zumuten", umso robuster ist er.

Nussmuse und -pasten

Haselnuss-Schoko-Creme

70 g Haselnüsse
30 g Kakao
100 g Honig
70 g Kokosöl (oder Butter)
1 TL gem. Vanille

Haselnüsse fein mahlen. Mit den restlichen Zutaten im Mixer gut verschlagen.

Info:
Wer einen Hochleistungsmixer hat, kann auch alle Zutaten auf einmal verarbeiten. Aber achten Sie dabei darauf, dass die Masse nicht zu heiß wird, sonst sondert sich das Fett ab, das nach einer Ruhepause abgegossen wird. Lässt man das Fett in der Creme stehen, setzt es sich im Kühlschrank weiß ab.
Eine einfache Variante, für das leckere Schlecken zwischendurch, ist eine Mischung aus 1 EL Nussmus, 1 TL Kakao und 1–2 TL Honig. Einfach alle Zutaten verrühren und nach Geschmack noch etwas Sahne einarbeiten.

Mandelmus ohne Öl in Rohkostqualität

400 g Mandeln

Mandeln in einem Mixer mit hoher Drehzahl 10 Sek. auf höchster Stufe mahlen. Auf mittlerer Stufe solange mahlen, bis die Temperaturanzeige „37 °C" aufleuchtet.
Den ganzen Topf in kaltes Wasser stellen, 30 Min. warten und den Mahlvorgang wiederholen. Dies so oft wiederholen, bis das Mus die gewünschte Feinheit hat.

Info:
Wer keinen Wert auf Rohkostqualität (s. S. 108 ff. Kapitel Frischkost) legt, kann die Temperatur bis zu 50–70 °C ansteigen lassen bzw. ruhig ein anderes Gerät nehmen, das die Temperatur nicht anzeigt.
Es gibt mittlerweile mehrere Geräte zu kaufen, die kochen und pürieren bzw. mixen können. Ich bin mir aber nicht sicher, ob sie die Temperatur auch alle so präzise anzeigen.

Cashewnussmus mit Öl

Zutaten in einen Hochleistungsmixer geben (Öl unbedingt zuerst). Langsam durchlaufen lassen, bis alle Nüsse mit Öl bedeckt sind.
Auf der höchsten Stufe mit Hilfe des Stopfers/Spatels mixen, bis sich eine cremige, dickflüssige Masse bildet.

Info:
Das Rezept funktioniert auch mit anderen Nusssorten. Die Ölmenge richtet sich nach dem Ölgehalt der Nüsse. Macadamianüsse brauchen fast kein Öl, Mandeln und vor allem Sonnenblumenkerne dagegen deutlich mehr als in diesem Rezept angegeben.
Wer auf Rohkostqualität Wert liegt, muss den Behälter mit der Nussmasse zwischendurch immer wieder im kalten Wasserbad oder in einem Eisbad kühlen.

50 g kalt gepresstes, natives Nussöl (nach Geschmack)
20 g Sonnenblumenöl
400 g Cashewnüsse oder Cashewnussbruch

Nusspaste

70 g Nüsse (z. B. 35 g Erdnüsse, gesalzen, und 35 g Walnüsse)
1 TL Sonnenblumen- oder Nussöl (5 g) (oder ein anderes kalt gepresstes, natives Öl)

In einem kleinen Mixer mit dem hochstehenden Messer die Nüsse mit dem Öl mehrmals schlagen, zwischendurch die Masse mit einem kleinen Schaber von der Wand lösen. Darauf achten, dass die Benutzungsdauer des Mixers 1 Min. nicht überschreitet, sonst läuft der Motor heiß und kann Schaden nehmen. Besser eine kleine Pause machen.

Info:
In den Supermärkten gibt es meist Mandel-, Haselnuss- und Erdnussmus. Häufig enthalten diese Nussmuse noch andere Zutaten. Auch hier ist es schöner, wenn Sie selbst die Qualität bestimmen können. In der eigenen Küche haben Sie außerdem die Möglichkeit, Nussmuse herzustellen, die es nicht zu kaufen gibt, wie z. B. Walnussmus.
Nussmuse sind hervorragende Grundbausteine für Soßen, Milch- und Sahnealternativen, süße Cremes oder herzhafte Aufstriche. Seit ich angefangen habe, meine Gemüsesoßen mit Sonnenblumenkernmus anzudicken, brauche ich dazu kein Mehl und auch keine Sahne mehr. Und es schmeckt – nicht nur – mir auch viel besser, weil es den Eigengeschmack der anderen Lebensmittel unterstreicht statt ihn zuzukleistern.
Wer keinen Hochleistungsmixer hat, kauft fertige Nussmuse von guter Qualität. Wenn Sie regelmäßig Nussmus verzehren, haben Sie die Anschaffung eines teuren Mixers schnell herausgespart. Bei vielen Gerichten reicht es auch, die Nüsse ganz fein zu mahlen, das geht in kleinen Mengen auch in den preiswerten Mini-Mixern. Wer einen Hochleistungsmixer benutzt, kann größere Mengen Nüsse nehmen und benötigt auch kein Öl – einfach so lange mixen, bis das Mahlgut fein, aber nicht flüssig ist.

Macadamianussmus

400 g Macadamianüsse

Da diese Nüsse sehr ölhaltig und weich sind, lassen sie sich problemlos ohne Zugabe von Öl zu richtig weichem Mus verarbeiten, ohne dass die Gefahr besteht, dass die Temperatur zu hoch ansteigt.

Nüsse in einen starken Mixer geben. 10 Sek. auf der Höchststufe mahlen, mehrere Minuten auf mittlerer Stufe mahlen.
Wenn das Mus noch nicht fein genug ist, nochmals die Höchststufe betätigen, bis die gewünschte Konsistenz erreicht ist. Je nach Mixer ist dringend zu empfehlen, das Gerät zwischendurch abkühlen zu lassen.

Grundrezepte

Getrocknete geriebene Zitronenschale

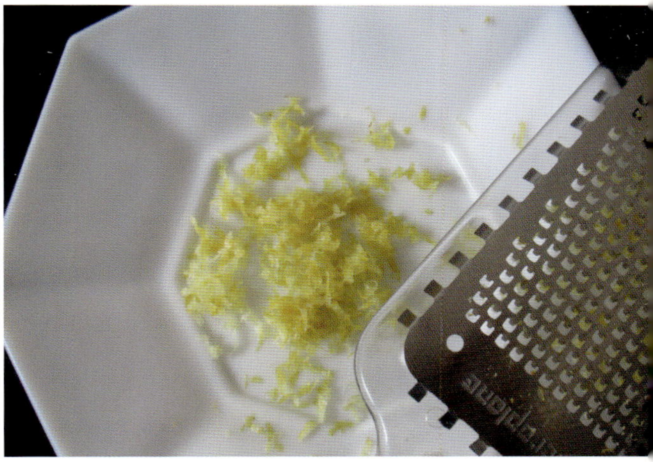

Zitrone gut waschen und abtrocknen. Mit einer mikrofeinen Reibe die Schale der Zitrone abreiben.
Abrieb auf einen kleinen Teller geben. Den Teller z. B. auf die Heizung stellen und die Schale trocknen lassen.

1–2 unbehandelte Zitronen

Tipp:
Genauso können Sie selbst gemahlene Orangenschale herstellen. Man kann auch einfach die Früchte schälen, die Schalen trocknen und dann im Mixer zerkleinern. Auf Dauer habe ich jedoch mit der mikrofeinen Reibe das beste Aroma erhalten.

Orangeat

ca. 200 g Schalen von unbehandelten Orangen
ca. 300-350 g flüssiger Honig

Orangen gut waschen und dick schälen – so wie man das tut, wenn man sie essen will. Die Schalen mit dem Messer in grobe Stücke schneiden, im Zerkleinerer oder Mixer klein schlagen lassen und mit so viel flüssigem Honig verrühren (Verhältnis Schale zu Honig mindestens 1:1,25), dass alles damit gut benetzt ist. Es ist wichtig, dass die Masse nicht zu trocken ist, sonst schimmelt sie.
Ein Honig- oder Marmeladenglas mit kochendem Wasser ausspülen, Masse hineinfüllen. In den Kühlschrank stellen, in den ersten Tagen auf den Kopf gedreht. Hält sich im Kühlschrank locker mehrere Monate (auf zwei Jahre bin ich schon gekommen).

Info:
Zitronat wird genauso hergestellt. Besonders apart ist auch Pampelmusat, weil es recht herb ist. Interessante Varianten lassen sich durch die Zugabe von Ingwer, Pfefferminz, Anis und anderen Gewürzen oder Kräutern erzielen.
Orangeat und geriebene Zitronenschale sind so einfach herzustellen, dass ich mich mittlerweile wundere, warum ich sie je gekauft habe.

Sprossen und Keime

Zum Sprossen und Keimen können Sie Ölsaaten (z. B. Sonnenblumenkerne), Hülsenfrüchte (Linsen, Erbsen, Bohnen) und Getreide verwenden. Feinere Sorten wie Alfalfa oder Anis eignen sich eher zur Dekoration. Hülsenfrüchte sind nicht alle gekeimt roh genießbar, Bohnensprossen dürfen genau wie Bohnen nicht roh gegessen werden. Aber eine Erbsensuppe aus Erbsensprossen oder eine Bohnensuppe aus Bohnensprossen ist auch ohne Schnellkochtopf wesentlich schneller fertig und schmeckt köstlich. Beim Getreide ist es wichtig, keimfähiges Getreide zu kaufen. Vorsicht: Nicht jeder als Nackthafer bezeichnete Hafer keimt auch. Dasselbe gilt für Nacktgerste. Andere Bezeichnungen für Nackthafer und -gerste sind Sprießkornhafer bzw. -gerste.

Sprossenziehen geht auch ohne komplizierte Geräte. Die einfachste Methode ist diese: In einer kleinen Schüssel 3 EL Dinkel gut mit Wasser bedecken und über Nacht einweichen. Morgens die Körner in einem Sieb abspülen und ohne Wasser in der Schüssel stehen lassen. Abends nochmal 1–2 Std. einweichen, wieder in einem Sieb abspülen und bis zum nächsten Tag stehen lassen.
Immer abends und morgens in einem Sieb gut durchspülen, bis die Keime lang genug entwickelt sind (der Keim sollte nicht viel länger sein als der Durchmesser des Samens). Meist dauert das nicht länger als 36–60 Std.

Gerne nehme ich zum Keimen auch Keimgläser, dann muss ich nicht immer mit einem Sieb hantieren. Die Methode ist prinzipiell dieselbe: Im Keimglas 3 EL Dinkel gut mit Wasser bedecken und über Nacht einweichen (Glas steht senkrecht). Morgens das Wasser abgießen, durchspülen und Glas schräg stellen. Abends und morgens jeweils durchspülen und Glas wieder schräg stellen.
Nach 48–60 Std. sind auch hier die meisten Keime lang genug.

Info:
Das Ziehen von Keimen und Sprossen ist eine einfache und wertvolle Angelegenheit. Sie bereichern den Speiseplan vor allem im Winter mit Frischem und sind stets eine abwechslungsreiche Dekoration. Bei mir stehen immer ein oder zwei Gläser, in denen ich etwas keime. Deshalb muss ich mir auch keine Gedanken darüber machen, ob ich einen Mangel hier oder dort habe – wer regelmäßig frische Keime und Sprossen verzehrt, bekommt das Beste von den Pflanzen (nämlich das, womit sie ihren Keimling gut gerüstet auf den Weg schicken) und hat keinen Bedarf an Nahrungsergänzungsmitteln.

Sauerteig

Am ersten Morgen 100 g Roggen fein mahlen. Mit 150 g Wasser in einer Schüssel verrühren. Schüssel gut abdecken oder in eine Plastikschüssel stecken und mit einem Tuch umhüllen. Warm stellen, z. B. auf einer Fensterbank in einem Zimmer, das möglichst nachts nicht völlig abkühlt (falls Winter). 24 Std. stehen lassen.
Am zweiten Morgen 100 g Roggen fein mahlen, mit weiteren 150 g Wasser zu dem Gemisch vom vorherigen Tag geben. Gut verrühren, wieder einpacken und 24 Std. stehen lassen.
Am dritten Morgen 100 g Roggen fein mahlen, mit 3 EL Wasser zu dem alten Gemisch geben. Wie beschrieben vorgehen.
Am vierten Morgen etwa 150 g des Sauerteigs abnehmen, in ein Schraubglas geben, verschließen und im Kühlschrank aufbewahren. Der Rest kann direkt zum Backen verwendet werden (wie unten beschrieben).

Hinweise:
Spätestens am zweiten Morgen muss dieser Sauerteig locker und etwas blasig sein. Der Geruch ist nicht unbedingt so sauer, wie man das erwartet. Ein bisschen sauer sollte er aber schon riechen. Eine Grünfärbung darf nicht auftreten.
Am dritten Morgen muss eine Blasenbildung erkenntlich sein. Das heißt, wenn man mit einem Löffel in den Sauerteig geht, sollte das Ganze etwas schaumig sein.
Ein auf diese Weise hergestellter Sauerteig muss einige Male aufgefüttert werden (siehe unten), um seine voll Geschmacksqualität und Triebkraft zu entwickeln.
Von diesem Sauerteig morgens für den nächsten Backtag 150 g in ein Glas mit Schraubdeckel füllen und im Kühlschrank aufbewahren (bis zu gut drei Wochen habe ich bisher keine Probleme gehabt). Den Rest für Gebäck verwenden.

Auffüttern von Sauerteig:
150 g Sauerteig aus dem Glas im Kühlschrank, 250 g Roggen und 250 g Wasser in einer Schüssel vermischen, mit einem Tuch abdecken und in eine Plastiktüte stecken. Über Nacht stehen lassen. Am nächsten Morgen für die „nächste Generation" 150 g abnehmen, in ein Glas mit Schraubdeckel füllen und im Kühlschrank aufbewahren; den Rest im gewünschten Gebäck verarbeiten.

Am 1. Morgen:
100 g Roggen
150 g Wasser

Am 2. Morgen:
100 g Roggen
150 g Wasser

Am 3. Morgen:
100 g Roggen
3 EL Wasser

Pestos, Aufstriche & Co.

Giersch-Sauerampfer-Pesto

50 g Mandeln
50 g Giersch
50 g Sauerampfer
1 Knoblauchzehe
2–4 g Ingwer, ungeschält
50 g Sonnenblumenöl oder Olivenöl
2 gestr. TL Salz
1 TL gem. Piment
1 Msp. gem. Vanille
35 g Apfel
10 g Apfelessig

Mandeln in einem kleinen Mixer nicht zu fein mahlen.
Gewaschene und trocken getupfte Kräuter, geschälte Knoblauchzehe, Ingwer in Scheiben, Öl, Gewürze, Apfel und Essig hinzugeben und mit dem hochstehenden Messer 1 Min. mixen, zwischendurch mit dem Löffel durchrühren. Wer es gerne ein bisschen süßer mag, gibt noch einen halben Apfel dazu und mixt nochmals.
In ein kleines Glas mit Schraubdeckel geben und im Kühlschrank aufbewahren.

Tipp:
Mit anderen Kräutern lassen sich Varianten herstellen. Wer weiß, dass er das Pesto innerhalb einer Woche verbraucht, kann mit dem Salz etwas sparsamer sein. Für den puren Genuss ist es mit den angegebenen Mengen ziemlich salzig, es wird dadurch aber haltbarer. Ich esse diese salzigen Pestos durchaus auch als sehr dünne Brotaufstriche.
Wer Pestos länger aufbewahren möchte, friert sie ein oder deckt die Oberfläche mit einer Ölschicht ab.
Wildkräuter müssen immer gründlich gewaschen werden!

Linsenaufstrich

Aufstriche sind in der vollwertigen Ernährung ein ganz großes Thema, denn Wurst und Käse fallen weg. Viele Anfänger suchen Ersatz bei Sojaprodukten oder Aufstrichen, die möglichst wie ihre Lieblingsprodukte schmecken. Ich bin gegen Ersatz, denn Ersatz ist nie so gut wie das Original. Also suche ich Alternativen statt Ersatz. Meist schmecken mir heute die Alternativen besser als das Original, und ich bedauere, dass ich erst so spät in meinem Leben darauf gestoßen bin.
Dieser Linsenaufstrich ist ein Grundrezept für viele Varianten, denn Sie können die Rote Bete gegen jedes andere Gemüse und die Sonnenblumenkerne gegen andere Nüsse austauschen. Beim Würzen haben Sie ebenfalls freie Hand. Wer möchte, kann auch eine oder zwei Knoblauchzehen mit den Linsen kochen. Wenn Sie braune Linsen nehmen, müssen Sie eine längere Garzeit ansetzen.

35 g gelbe Linsen
40 g rote Linsen
165 g Wasser
30 g Sonnenblumenkerne
100 g Rote Bete
1 gestr. TL Salz
frisch gem. schwarzer Pfeffer
1 EL Sonnenblumenöl (10 g)
1 EL Apfelessig (10 g)
1/2 TL Piment

Linsen mit dem Wasser aufsetzen und zum Kochen bringen. Auf kleinster Einstellung 20 Min. dünsten. Herd ausstellen und die Linsen 10–15 Min. quellen lassen, sie sind jetzt ganz weich.
Sonnenblumenkerne mahlen. Alle Zutaten zusammen in einem Mixer gut durchmischen und kalt stellen.

Tipp:
Für eine Einzelperson ist das relativ viel, denn der Aufstrich hält sich nur wenige Tage. Sie können ihn aber in kleine Muffinförmchen aus Silikon füllen und so portioniert einfrieren. Solange keine rohe Zwiebel enthalten ist, verliert der Aufstrich beim Auftauen nichts von seiner Qualität.

Sonnenaufstrich

Aufstriche auf Basis von Sonnenblumenkernen, Zitrone, Wasser und Öl sowie einem Geschmacksgeber gibt es auch zu kaufen. Besser schmeckt es selbst gemacht, weil Sie hier nach Belieben würzen und die Kräuter ändern können. Bärlauch eignet sich ebenfalls ausgezeichnet für dieses Rezept. Die vorgestellte Variante mit Sauerampfer ist etwas „mutiger" und hat eine herrlich frische grüne Farbe. Zusammen mit dem Linsenaufstrich mit Roter Bete (s. S. 165) schmückt der Sonnenaufstrich jeden Tisch und jedes kalte Büffet.

50 g Sonnenblumenkerne
35 g Sauerampfer
20 g Zitrone
30 g Sonnenblumenöl
35 g Wasser
1 gute Prise Salz
1 Knoblauchzehe (nach Geschmack)

Sonnenblumenkerne mahlen. Sauerampfer waschen und gut trockenschleudern, vorschneiden.
Alle Zutaten zusammen im kleinen Becher eines kleinen Mixers schaumig schlagen.
Der fertige Aufstrich hält sich einige Tage im Kühlschrank, er lässt sich auch problemlos portionsweise einfrieren.

Gemüsesalz

130 g getrocknetes Gemüse
650–800 g Salz

Gemüsereste (Spargelschalen, Endstücke, Kohlstrünke, oder auch zu altes Gemüse) einfach grob zerkleinern und im Dörrapparat trocknen, bis sie zerbröseln. Wer nur wenige Gemüsereste hat, kann sie erst in der Tiefkühltruhe sammeln und dann alles zusammen auftauen und trocknen. Wer keinen Dörrapparat besitzt, kann das Gemüse auf einem Backblech ausbreiten und auf kleinster Temperatur im Backofen trocknen.
Es wird jeweils die fünf- bis sechsfache Salzmenge im Verhältnis zum Gemüsetrockengewicht hinzugegeben.

Kleiner Mixer:
Diese kleinen Mixer dürfen nicht länger als 1 Min. an einem Stück laufen, daher portionsweise arbeiten. Es passen jeweils 10 g getrocknetes Gemüse in einen kleinen Becher, fein mahlen und mit 50–60 g Salz nochmals 10 Sek. hacken.

Großer Mixer
Getrocknetes Gemüse mit der halben Salzmenge 30 Sek. auf der Höchststufe schlagen lassen. Mit dem Rest Salz vermischt nochmals schlagen, das ergibt ein pulverfeines Gemüsesalz.

Essigdressing

Alle Zutaten mit einer Gabel verschlagen. Frische Kräuter klein gehackt nach Geschmack hinzugeben.

Info:
Dieses Dressing lässt sich schnell herstellen und passt zu allen Salaten. Daher ist es ideal für den Alltag, wenn ich keine Lust habe, großartig zu mixen und zu mischen.

1 EL Apfelessig
1 EL beliebiges Nussöl oder Sonnenblumenöl
2 EL Wasser
1 gestr. TL Salz
frisch gem. schwarzer Pfeffer
frische Kräuter (nach Geschmack)

Standardsalatsoße

Das Öl in ein größeres Schraubglas füllen. Essig hinzugeben, mit einer Gabel schaumig schlagen. Die anderen Zutaten hinzufügen, immer wieder mit der Gabel verrühren.
Glas mit dem Schraubdeckel verschließen und in den Kühlschrank stellen. Vor der ersten Entnahme möglichst mindestens 12 Std. ziehen lassen. Bei der Entnahme immer noch einmal durchrühren, damit sich die getrennten „Phasen" wieder vermischen.

Tipp:
Für die getrocknete Salatkräutermischung können Sie auch sehr gut eigene getrocknete Gemüsereste oder Kräuter verwenden. Einmal hergestellt, ist dies das zweite schnelle Alltagsdressing. Wer Honig meiden möchte, kann das Dressing mit einer entsprechenden Menge eingeweichter Rosinen in einem Mixer vorbereiten.
Zur Verwendung die Standardsalatsoße im Verhältnis 1:1 mit Wasser oder Sahne verdünnen.

200–300 g kalt gepresstes Sonnenblumenöl
300 g Apfelessig
1 EL Honig
1 EL Salz
1/2 TL gem. schwarzer Pfeffer
1–2 TL getrocknete Salatkräutermischung (ohne Glutamat oder andere Zusätze außer Kräutern)
etwa 100 g Wasser

Curry

Ungemahlen:
1 geh. EL Koriandersamen (8 g)
1 geh. EL Kreuzkümmel (20 g)
1 TL schwarze Pfefferkörner (4 g)
1 TL grüne Pfefferkörner, getrocknet (2 g)
1 1/2 TL gelbe Senfkörner (6 g)
1 TL Bockshornkleesamen (6 g)
5 Gewürznelken
1 kleine getrocknete rote Chilischote

Gemahlen:
2 TL Kurkuma

Die ungemahlenen Gewürze in einer Pfanne unter Rühren auf mittlerer Einstellung erwärmen, bis sie gut duften. Das dauert etwa 7 Min. Wer zu lange röstet, erhält ein bitteres Curry. Kurz vor Ende noch 1 TL Kurkuma hinzugeben und 10 Sek. einrühren.
Etwas abkühlen lassen. In einem kleinen Mixer 30 Sek. mahlen, noch 1 TL Kurkuma hinzugeben und weitere 30 Sek. mahlen.

Tipps:
In original-indischen Rezepten wird eine kleine Pfanne aus Gusseisen verwendet. Wer eine normale beschichtete Pfanne nimmt, sollte mit dem Erhitzen vorsichtig sein, sonst löst sich die Beschichtung mit der Zeit. Ich nehme gerne eine keramik-beschichtete Pfanne. Wenn Sie keinen entsprechenden Mixer haben, können Sie auch mit einem Mörser zerkleinern. Für das Curry ist es wichtig, dass Sie ungemahlene Gewürze verwenden, weil diese so beim Erhitzen ihr Aroma behalten. Wer gerne sehr scharf isst, erhöht die Zahl der verwendeten Chilischoten.

Lebkuchengewürz

Das vorliegende Rezept lässt sich mannigfaltig variieren – entweder durch andere Gewichtsverhältnisse oder auch durch Weglassen einiger Dinge und Ersetzen durch andere. Wobei Nelken, Muskatnuss und Zimt die drei Hauptbestandteile zu sein scheinen, wie mir das Studium anderer Rezepte gezeigt hat. Oft kommen auch noch Koriander und Piment hinzu. Wer alles bereits fertig gemahlen besitzt, hat es einfacher. Wer alles noch selbst mahlt, hat es frischer. Geriebene Orangen- und Zitronenschale stammen aus meiner eigenen Herstellung.

Die gemahlenen Gewürze mit einem Löffel miteinander verrühren.
Die ungemahlenen Gewürze im kleinen Becher eines Mixers 45 Sek. lang mahlen. Die gemahlenen Gewürze hinzufügen und alles nochmals 15 Sek. miteinander mahlen. Das fertige Lebkuchengewürz möglichst in ein Braunglasgefäß mit Schraubglas oder einen anderen luft- und lichtdichten Behälter geben. Reicht für etwa 3 kg Mehl und behält das Aroma mindestens 1 Jahr.

Gemahlen/gerieben (trocken):
10 g Orangenschale (s. S. 161)
6 g Zitronenschale (s. S. 161)
4 g Ingwer
4 g Muskatnuss
2 g Kardamom

Ungemahlen:
6 g Zimtstange
4 g Gewürznelken
4 g Anissterne
2 g Fenchelsamen

Delisweet (s. Foto S. 168)

Die ungemahlenen Gewürze in einem kleinen Mixer 30 Sek. mahlen. Die anderen Zutaten hinzugeben und nochmals 30 Sek. mahlen.
Das Gewürz eignet sich auch für Rohkost.

Tipp:
Wenn Sie möchten, können Sie alle Gewürze bereits gemahlen kaufen und mischen. Das geht minimal schneller, ist aber nicht ganz so spannend und auch nicht so aromatisch.

Ungemahlen:
1 Zimtstange
2 Anissterne (oder 1 TL gem. Sternanis)
1 TL Anis
1 TL Koriandersamen
5 Gewürznelken
6 Kardamomkapseln (oder 1 TL gem. Kardamom)

Gemahlen/gerieben (trocken):
1 TL Ingwer
1 TL Zitronenschale
1 TL Zimt
1/2 TL Vanille

„Milch“

10 g Nussöl (z. B. Mandelöl, dezent im Geschmack)
20 g Cashewnussmus
270 g Wasser

Was sind Milch und Sahne eigentlich? Es handelt sich physikalisch um Emulsionen von Fett in Wasser, d.h. winzige in Wasser verteilte Fettkügelchen. Wenn Sie einen Mixer haben, der eine ganz feine Mischung herstellen kann, können Sie sich quasi eine pflanzliche Milch herstellen. Mit dem Vitamix zum Beispiel habe ich eine solche Milch 3 Std. stehen lassen, es hat sich nichts abgesetzt. Beim Backen, für Kakao usw. lässt sich die pflanzliche Milch gut verwenden. Wer kein Cashewnussmus hat, nimmt Cashewnüsse, dann dauert es nur etwas länger, bis die richtige Emulsion erreicht ist. Andere Nüsse bzw. Nussmuse geben einen anderen Geschmack und eine leichte Färbung – was auch sehr reizvoll ist.

In einem Hochleistungsmixer 1 Min. oder länger laufen lassen. Aufpassen, dass es nicht zu heiß wird, da sonst die „Rohmilchqualität“ verloren geht. In einem kleinen Mixer die Menge entsprechend anpassen (z. B. nur ein Drittel nehmen).

Tipp:
Für eine einfache Sahne die Wassermenge halbieren.

Sonnenmayonnaise

Diese Mayonnaise aus Sonnenblumenkernen ist recht fest. Sie eignet sich damit auch gut als Beilage zu Pommes Frites oder als Grundlage für Verzierungen. Wer sie weicher möchte, nimmt mehr Öl. Wer eine rein weiße Mayonnaise möchte, nimmt Mandeln, Macadamia- oder Cashewnüsse. Mandeln müssen vorher blanchiert (d.h. kurz aufgekocht) und ihre Schalen abgezogen werden. Auch andere Ölsorten (Mandelöl, Walnussöl usw.) eignen sich, wobei Olivenöl im Allgemeinen als zu herb empfunden wird. Jede Variation bei einer Zutat ergibt eine leicht andere Geschmacksnote.
Für diese Mayonnaise braucht man einen wirklich starken Mixer. Sonst das Öl besser in kleineren Portionen hinzugeben.

Sonnenblumenkerne, Wasser, 50 g Öl, Senf, Essig, Salz und Honig etwa 30 Sek. im Mixer schlagen.
Das restliche Öl in drei Portionen zu je 25 mg hinzugeben und jeweils 50 Sek. schlagen. In ein Glas mit Schraubdeckel füllen und im Kühlschrank aufbewahren.
In einem kleinen Mixer die Menge entsprechend anpassen (z. B. nur ein Drittel nehmen).

50 g Sonnenblumenkerne
50 g Wasser
125 g Sonnenblumenöl
1 TL Senf (6 g, s. S. 174)
3 EL Essig
1 TL Salz
1 TL Honig

Varianten:
(a) Cashewmayonnaise (alles auf einmal verarbeiten)
50 g Cashewnüsse
50 g Wasser
100 g Sonnenblumenöl
1 TL Salz
3 EL Apfelessig
1 gestr. TL Senf

(b) Macadamiamayonnaise
100 g Macadamianüsse
100 g Wasser
100 + 50 + 50 g Sonnenblumenöl
1 geh. TL Salz (10 g)
50 g Apfelessig
1 geh. TL Senf
1 TL Honig (10 g)

Kräuterlose „Remoulade“

Alle Zutaten in einem kleinen Mixer sehr gut durchschlagen.

Info:
Diese Remoulade eignet sich als Salatdressing, aber auch zum Überbacken. Je nach Wassermenge wird sie dünn- oder dickflüssiger, bis hin zu einer relativ festen Creme.

30 g Sonnenblumenkerne
10 g Zitronensaft
1 gute Prise Salz
20 g Sonnenblumenöl
100 g Wasser

Nusssahne

Sonnenblumenkernsahne gekocht:

25 g Naturreis
25 g Sonnenblumenkerne
einige Salzkörnchen
125 g Wasser

Sonnenblumenkernsahne „Sauerrahm“ gekocht:

50 g Sonnenblumenkerne
50 g Naturreis
120 g Wasser
einige Salzkörnchen
2 EL Zitronensaft
1 EL Sonnenblumenöl

Cashewnusssahne kalt (für süße Gerichte):

50 g Cashewnüsse
50 g Naturreis
100 g Wasser
einige Salzkörnchen

Kochcreme (nur für heiße Speisen)

20 g Naturreis
20 g Mandeln
200 g Wasser
1 EL Zitronensaft
1 kleine Prise Salz
1 EL Macadamianussöl (oder ein anderes Öl)

Sie haben keine Sahne im Haus, möchten aber welche ins Essen rühren oder zur Waffel essen? Kein Problem – mit einigen haltbaren Zutaten lassen sich wohlschmeckende Cremes mit ähnlicher Konsistenz herstellen. Die Wahl der Nusssorte bestimmt Geschmack, Konsistenz und Farbe. Zwar geben Sonnenblumenkerne die beste Konsistenz, sie färben die Sahne aber ein bisschen grau, was beim Servieren ungünstig wirken kann.

Für die beiden „gekochten“ Sonnenblumensahnen die Zutaten in einem Hochleistungsmixer so lange auf der Höchststufe laufen lassen, bis die Masse stockt (etwa 5 Min.).

Für die kalte Nusssahne die Kerne bzw. Nüsse mit Reis und Wasser in ein Schraubglas geben und zuschrauben. Bei Raumtemperatur 10–12 Std. stehen lassen und mit den restlichen Zutaten im Mixer auf der Höchststufe 1–1 1/2 Min. mischen.

Für die Kochcreme alle Zutaten in einem Hochleistungsmixer 4–5 Min. mixen, bis der Reis andickt.

Tipp:
Wer keinen Mixer mit solcher Laufleistung besitzt, mahlt die Kerne bzw. Reiskörner, kocht sie mit Salz und der Hälfte des Wassers auf und püriert die Masse. Eventuell noch Wasser zum Verdünnen dazugeben. In einem kleinen Mixer die Menge entsprechend anpassen (z. B. nur ein Drittel nehmen).

Kräuterwürze

Mandeln und Öl mit dem Salz in einem leistungsfähigen Mixer auf kleiner Stufe vermengen und auf höchster Stufe pürieren. Kräuter hinzugeben, eventuell mit Stößel/Stopfer herunterdrücken und alles zu einer glatten Masse verarbeiten. (Wer nur einen kleinen Mixer hat, arbeitet mit wesentlich kleineren Mengen, etwa einem Viertel.)
Masse in zwei leere Honiggläser füllen. Die Oberfläche der Kräuterwürze gut mit Olivenöl abdecken. Olivenöl „gefriert" im Kühlschrank, d.h. wenn die Oberfläche gehärtet und etwas weißlich ist, handelt es sich nicht um ein Anzeichen von Verderbnis.
Durch den hohen Salz- und Ölanteil ist bei vorsichtiger Entnahme eine lange Haltbarkeit über mehrere Monate möglich.

200 g Olivenöl
150 g Mandeln
30 g Salz
130 g frische gemischte Kräuter (Wildkräuter unbedingt waschen und trocken tupfen)

Gemüsebrühextrakt

1000 g Gemüsereste
125 g Vollmeersalz

Als Gemüsereste zählen: Strunk vom Kohl, Kartoffel- und Möhrenschalen, Grün von den Kohlrabi und so weiter. Geeignet ist alles, was nicht schlecht ist, aber auch nicht für den Verzehr erwünscht. Zwiebelschalen sind ungeeignet, auch Rote Bete ist wegen der „Durchfärbung" schlecht. In einem kleinen Haushalt kommt selten genug Gemüse zusammen, um es zu verarbeiten, bevor es schlecht wird. Kleinere Reste können Sie daher im Tiefkühlschrank in einer Plastiktüte sammeln. Bevor Sie den Extrakt herstellen, muss das tiefgekühlte Gemüse 2–3 Std. aufgetaut werden.

In einem starken Mixer die Gemüsereste möglichst fein zerkleinern. Eventuell die Masse immer wieder herunterschieben.
Das Salz hinzugeben, und weiter zerkleinern. Wer einen kleinen Mixer hat, muss die Menge vierteln.
Fertigen Extrakt in leere Honiggläser füllen (ergibt bei dieser Menge 3 Honiggläser).

Info:
Er lässt sich teelöffelweise portioniert wie jeder andere Gemüsebrühwürfel oder -extrakt verwenden. Aufgrund des hohen Salzgehaltes hält der Extrakt sich im Kühlschrank gut ein Jahr.

Nussparmesan

20 g Mandeln
20 g Sonnenblumenkerne
2 EL Nackthafer
1 EL Öl
1-2 Prisen Schabzigerklee
1 Prise Salz
50 g Wasser

Mandeln und Sonnenblumenkerne fein hacken (z. B. im Zerkleinerer). Hafer flocken, mit den Nüssen, Öl, Schabzigerklee, Salz und Wassers verrühren. Wenn es zu fest ist, noch bis zu 50 g Wasser hinzufügen. Ofen auf „Grill" bei 230 °C stellen, den Nussparmesan auf der entsprechende Speise verteilen und 5-8 Min. grillen, bis die Masse leicht goldgelb ist.

Orangensenf mit Hanfspots

200 g gelbe Senfkörner
30 g Salz
20 g getrocknete Orangenblüten
50 g Hanfkörner
4 TL Koriandersamen
4 gestr. TL gem. Kurkuma
55 g Orangenblüten- oder Akazienhonig
130 g Apfelessig (5 %)
210 g Wasser
50 g Sonnenblumenöl

Senfkörner mit Salz, Orangenblüten, Hanf und Koriander sehr fein mahlen. Kurkuma und restliche Zutaten hinzufügen und alles sehr gut durchmixen.
Die Masse in passende saubere Gläschen (2 leere Honiggläser) füllen, die Gläser 12–24 Std. offen stehen lassen (fermentieren), den Senf dabei gelegentlich umrühren. Anschließend im geschlossenen Glas im Kühlschrank aufbewahren, dort hält er mehrere Monate.

Tipp:
Wer keine Orangenblüten hat, nimmt 1 TL geriebene Orangenschale (s. S. 161). Der Senf schmeckt auch ohne Hanfkörner.
Wer keinen großen Mixer hat, kann Senf auch mit einem kleineren Gerät herstellen, in diesem Fall wird die Menge geviertelt: Senfkörner mit Salz, Blüten, Hanf und Koriander in einem kleinen Mixer fein mahlen (zweimal 30 Sek., dazwischen einige Minuten Pause). Honig, Essig, Wasser und Öl hinzugeben, mit einem Löffel durchrühren und noch einmal 30 Sek. mixen. Anschließend ebenfalls fermentieren lassen.
Hinweis: Eignet sich sehr gut als Geschenk!

Salatcreme

Pfeffer, Salz, getrocknete Blüten und Koriander im größeren Becher eines kleinen Mixers mit dem flachen Messer fein mahlen.
Die restlichen Zutaten hinzugeben und mit dem hochstehenden Messer 1 Min. schlagen. 5 Min. stehen lassen und nochmals 1 Min. schlagen. Bei kleinen Mixern ist diese Pause erforderlich, damit der Motor nicht überhitzt. Bei stärkeren Geräten kann man 2 Min. auf der Höchststufe laufen lassen.
Die fertige Creme in ein Glas mit Schraubdeckel umfüllen, das Glas verschließen und in den Kühlschrank stellen. Die Salatcreme ist mehrere Wochen haltbar und lässt sich mit Sahne oder Wasser im Verhältnis 1:2 verdünnen (1 EL Salatcreme + 2 EL Wasser/Sahne).

Tipp:
Sie können auch Olivenöl verwenden, das jedoch bei Kühlschranktemperaturen gefriert, also fest wird. Wer Pfeffer und Koriander nur gemahlen hat, nimmt die entsprechende Menge so.

1/2 TL schwarze Pfefferkörner
3 TL Kräutersalz (s. S. 149)
2 TL getrocknete Orangenblüten (oder andere Blüten oder Kräuter)
1 TL Koriandersamen
150 g Sonnenblumenöl
75 g Apfelessig
1 EL Honig (35 g)
1 TL Senf scharf (10 g, z. B. s. S.174)

Süßes

Die übliche Meinung zu Süßigkeiten aus der Vollwertküche lautet häufig: „Das schmeckt mir nicht, das ist zu trocken, das ist mir nicht süß genug."
Ich kenne solche sägespänartigen Gebäckstücke und mag sie auch nicht: Ein Kuchen muss nach Kuchen, und nicht nach Pappe schmecken. Er sollte auch optisch einladen, Augen und Gaumen ansprechen. Das ist möglich, und ich finde gerade die Süßspeisen in der Ernährung ohne Tiereiweiß besonders delikat, weil sie den Zutaten mehr Raum für ihren Eigengeschmack lassen.
Bei den Süßigkeiten ist man natürlich besonders versucht, Dinge nachzuahmen, die man aus der „Vor-Zeit" kennt. Das geht, und klappt auch meist problemlos: Zucker ersetze ich 1:1 durch Honig, Auszugsmehl durch Vollkornmehl, Milch durch ein Gemisch aus Wasser und Sahne (2:1). Eier lasse ich einfach weg und nehme dafür etwas mehr Backpulver oder Flüssigkeit. Biskuitgebäck, Buttercremetorten – das ist alles möglich. Gerade Hefekuchen sind extrem lecker, auch ohne Eier und sogar ohne Butter oder Sahne.
Dennoch lohnt es auch hier, nicht nur nachzuahmen, sondern die Tür zu einer anderen Essenswelt aufzustoßen und Neues auszuprobieren.

Plätzchen schmecken immer – als Nachtisch, zwischendurch, wenn Gäste kommen – und halten meist länger als ein Kuchen.

Womit **süße ich?**

Für mich kommen ausschließlich Honig und Trockenfrüchte als Süßungsmittel in Frage. Wer vegan-vollwertig leben möchte, dem kann ich allenfalls noch den rohen Agavennektar empfehlen. Das ist ein Kompromiss für diese Lebensweise.

Dass weißer Industriezucker schädlich ist, hat sich herumgesprochen. Alle anderen Süßungsmittel, die uns als gesund angepriesen werden (wie Agavendicksaft, Ahornsirup, Rohrohrzucker, Rohrzucker, brauner Zucker) stehen in ihrer Schädlichkeit dem normalen Haushaltszucker in fast nichts nach. Sie sind industriell verarbeitet und somit ihrer guten Stoffe beraubt. Was immer Sie da werbend woanders lesen – es ist falsch.

Von Stevia ist im Sinne der Entwicklung eines natürlichen Geschmacksempfindens für Süße ebenfalls abzuraten. Erst einmal wird es meist als Extrakt (industriell bearbeitet) verkauft und zweites hat es, selbst wenn es als Blatt benutzt wird, einen Eigengeschmack, den Akazienhonig als der neutralste Honig zum Beispiel nicht hat. Außerdem übertüncht es genau wie normaler Haushaltszucker den Eigengeschmack der Zutaten.

Bei Honig ist darauf zu achten, dass Sie nicht den billigsten kaufen. Das ist wichtig für die Gesundheit, weil er sonst nämlich möglicherweise nicht kalt geschleudert ist – nur beim Kaltschleudern bleiben die wertvollen Stoffe erhalten. Außerdem wollen wir mit nachhaltigem Essen auch dazu beitragen, dass die Natur in ihrer Funktion erhalten bleibt. Und mit dem besseren Bio- und Demeter-Honig unterstützt man Imker, die sich sorgsam um ihre Bienenvölker kümmern.

Bei Trockenfrüchten kaufe ich selbstverständlich keine geschwefelte Ware. Immer häufiger aber beobachte ich, dass gerade Datteln „in Glukosesirup" eingelegt angeboten werden. Glukosesirup ist nichts anders als Zuckerwasser!

Gerade an der Süße zeigt sich, dass Bio nicht mit nachhaltigem, gesunden Essen gleichzusetzen ist. Anfangs habe ich zum Beispiel noch Bio-Zitronat und Bio-Orangeat verwendet, die in Maissirup (ebenfalls einer Industriezuckerart) eingelegt sind! Bei selbst hergestelltem Zitronat entdeckte ich erneut: Die selbst hergestellten Lebensmittel sind nicht nur naturnäher und gesünder, sie schmecken einfach auch viel besser. Und: Dank der heute vorhandenen Küchentechnik geht alles flott von der Hand.

Getränke

Lange Gesichter: „Kein Kaffee, kein schwarzer oder grüner Tee, keine Säfte, ja soll ich nur noch Leitungswasser trinken?" Dr. Bruker empfiehlt Leitungswasser. Allerdings hatte Wasser zu seiner Lebenszeit noch eine andere Qualität. Wasseraufbereitungsanlagen für jeden Haushalt holen heute quasi Wasser mit Quellwasserqualität in die eigene Küche. Dennoch bleibt der Wunsch, auch etwas anderes zu trinken. Die Palette der Rohkostdrinks aus dem Kapitel Frischkost (S. 108 ff.) können Sie durch heiße Kakao- und Getreidegetränke sowie mit Sahne angereicherte Shakes, die ich in diesem Kapitel vorstelle, erweitern. Diese Getränke haben einen hohen Wasseranteil, sollten also nicht mit Säften oder Smoothies verwechselt werden. Beispiel: Wenn ich mir einen Smoothie aus einer einzigen Orange mixe, habe ich zwar alle Vitalstoffe, aber ich „kippe" sie dennoch zu schnell in den Körper. Wenn ich 10 Mandeln mit 400 ml Wasser zu einer Mandelmilch verarbeite, ist das Konzentrat ja viel geringer, so als ob ich 1 Orange mit 4 l Wasser verdünne!

Auch Früchtetee können Sie trinken. Bei Kräutertees beachten Sie bitte, dass Kräuter meist Heilwirkungen und daher unerwünschte Wirkungen haben könnten. Wer sich zum Beispiel gerade einer homöopathischen Behandlung unterzieht, darf keinen Pfefferminztee trinken.

Kakao

Kakao ist für mich eine schöne Kindheitserinnerung. Am liebsten mochte ich den Kakao, der bei uns noch sehr traditionell hergestellt wurde: Meine Mutter verrührte Kakaopulver, Dosenmilch und Zucker in einer Tasse. Diese Mischung zu naschen war einfach herrlich! Dann goss sie aus einem Kessel kochendes Wasser hinzu und rührte um. Als ich die Vollwertkost für mich entdeckt hatte, konnte ich dieses Rezept schnell umschreiben und den heißgeliebten Kakao in Vollwertqualität herstellen – und somit auch weiterhin die Vormasse naschen.

Kakao, Honig und Sahne in einem Becher verrühren. Kochendes Wasser unter Rühren hinzufügen.

1 TL Kakaopulver
1 TL Honig
2 EL Sahne
300–400 g kochendes Wasser

Heißes Bounty

Alle Zutaten in einen Hochleistungsmixer geben und auf der Höchststufe 5 Min. mixen. (Mit einem normalen Mixer: Zutaten vorher einzeln mahlen, dann mit kochendem Wasser gut vermischen.)

1 EL Kakaonibs
2 EL Kokosraspeln
1 EL Naturreis (lecker auch 1 EL Hafer)
625 g heißes Wasser

Veganer Kakao

Kakaonibs, Hafer und Mandeln mahlen, z. B. in einem kleinen Mixer. Dattel zerkleinern, mit etwa 150 g heißem Wasser alle Zutaten gut durchschlagen. In eine große Tasse geben und mit dem restlichen kochenden Wasser aufgießen, umrühren.

10 g Kakaonibs
10 g Nackthafer
10 g Mandeln
1 Dattel (20 g, entsteint)
300–400 g kochendes Wasser

Luxusdrink

Alle Zutaten in einem starken Mixer 4–5 Min. laufen lassen. (Wer einen solchen Mixer nicht hat, kann 1–2 TL Honig statt Aprikosen nehmen.) Reis, Hafer und Kokosraspeln fein mahlen, mit gemahlener Vanille und kochendem Wasser gut mixen.

1 EL Naturreis, 1 TL Nackthafer
2 cm Vanillestange
1 EL Kokosraspeln
1 gestr. EL Kokosmus
1–3 getrocknete Aprikosen (15–45 g, entsteint)
1 große Tasse Wasser (300–400 g)

Sahneshake

50 g Johannisbeeren, 1 Banane (110 g netto)
20 g Sahne, 200 g Wasser
1/4 TL gem. Vanille, 60 g Eiswürfel

Tipp:
Wenn Sie mit einem normalen Mixer arbeiten, die Johannisbeeren und Eiswürfel einfach weglassen. (Abb. S. 180)

Der Shake schmeckt auch mit nur einer Obstsorte, beispielsweise nur mit Banane oder anderen Früchten.

Alle Zutaten außer den Eiswürfeln in der angegebenen Reihenfolge in einen Hochleistungsmixer geben und auf der Höchststufe durchmischen. Dann die Eiswürfel einarbeiten. Da Bananen sich bei Kontakt mit Sauerstoff, also nach dem Schälen, schnell braun verfärben, möglichst direkt nach der Zubereitung servieren.

Nektarinenshake

2 kleine Nektarinen (140 g netto)
1 Scheibe Zitrone (10 g; geschält, ohne Kerne)
20 g Macadamianussmus
20 g Honig
300 g Wasser

Warum gerade ein Nektarinenshake? Nun, ich hatte Nektarinen gekauft, um einen Tortenboden damit zu belegen. Leider waren sie entgegen der Zusicherung der Verkäuferin weder leicht vom Kern zu lösen noch besonders schmackhaft. Unter das Frühstück mischen? Das wäre eine Lösung. An einem warmen Sonntag gefiel mir aber die Vorstellung eines kühlen Shakes besser.

Nektarine entsteinen, Zitrone entkernen, beides vorschneiden. Alle Zutaten in einem Hochleistungsmixer auf der höchsten Stufe gut vermischen.

Pfefferminztee

1 EL getrocknete Pfefferminze
500–600 g kochendes Wasser

Dieser Tee ist ein schönes Beispiel für den Satz „so natürlich wie möglich". Natürlich kann sich heute jedes Kind schon Pfefferminztee kochen, er gehört (in Beuteln) ja zum Standard jedes Supermarktes. Schöner ist er aber aus frischen oder auch getrockneten eigenen Pflanzen. Da können Sie vor allem sicher sein, dass jeder Schritt der Weiterverarbeitung der eigenen Kontrolle unterlag. Auch wenn Sie selbst keine Pfefferminze anbauen, haben Sie vielleicht Freunde, die Ihnen etwas abgeben (so bei mir). Oder Sie kaufen frische Minze und trocknen einen Rest, er ist dann aromatischer.

Pfefferminze in ein Sieb geben. Das Sieb in eine große Tasse einhängen. Mit kochendem Wasser auffüllen und etwa 5 Minuten ziehen lassen.

Kuchen

Viele Menschen, die sich gerade neu für diese Art des Kochens und Backens begeistern, neigen dazu, ihre Mitmenschen mit einem Kuchen beglücken zu wollen. Wobei nichts dagegen einzuwenden ist: Immer schön den Kuchen verteilen. Aber ein Tipp: Niemals erklärend oder gar entschuldigend hinzufügen, dass es ein „Vollwertkuchen" ist. Das führt dazu, dass die Leute es entweder erst gar nicht anrühren („Ich, nee, Vollwert mag ich nicht!") oder aber mit großem Appetit zulangen, und wenn sie dann erfahren, dass es ein Vollwertkuchen ist, plötzlich finden, dass es gar nicht so gut geschmeckt hat. Also einfach backen, essen bzw. verteilen, weise lächeln und gar nichts sagen.
Ein absolutes Highlight im Freundeskreis, der die Kuchenrezepte für dieses Buch probieren „musste", war der tiereiweißfreie Käsekuchen (tiereiweißfrei im Sinne von Dr. Bruker). Ich wette: Der geht auf jedem Büffet weg wie heiße Semmeln – solange Sie nicht unvorsichtig ein Schild daran stellen: Vollwertkuchen ohne Eier.

Vor allem wenn Sie für andere backen ist es besser, einen neutral schmeckenden Honig zu wählen. Fast ohne Eigenschmack ist zum Beispiel Akazienhonig, während Waldhonig sehr stark als Honig durchschmeckt.

Muttis Nusskuchen

Dieser Kuchen hat mich durch mein ganzes Leben begleitet. Wir Kinder zu Hause haben ihn geliebt. Nur gab es ihn nicht so häufig, wie wir gerne gehabt hätten, da meine Mutter die Nüsse mit einer kleinen Handmühle mahlen musste. So können 300 g ganz schön viel werden! Und obwohl meine Mutter Fertigware in Maßen durchaus zugetan war, hatte sie auch bald gemerkt, dass der Kuchen mit fertig gemahlenen gekauften Nüssen nicht so lecker ist. Damals war das eine Sensation, bei der geraunt wurde: Ein Kuchen ohne Ei! Das Rezept wäre fast verloren gegangen, hätte meine ältere Schwester es nicht zum Glück aufbewahrt. So traf ich das Rezept wieder, als ich noch herkömmlich kochte. Dann habe ich es in verschiedenen Variationen stets entsprechend meiner vollwertigen Entwicklung neu gestaltet. Erst einmal durch den Ersatz von Milch durch Wasser und Sahne und mit selbst gemahlenem Mehl. Dann war es mein Ehrgeiz, einmal auszuprobieren, ob das wohl auch ganz ohne tiereiweißhaltige Produkte funktioniert. Das Ergebnis kann sich sehen lassen und fand bei meinen Testessern reißenden Absatz.

Nüsse und Bittermandeln in der Küchenmaschine, Dinkel in der Mühle fein mahlen. Die trockenen Zutaten miteinander mischen. Öl und Wasser in einem Mixer emulgieren (d.h. 30 Sek. mischen). Alles mit einem Handrührgerät oder der Küchenmaschine zu einem glatten Teig verarbeiten. Kuchenform mit Kokosöl einpinseln. Den Teig hineingeben, in den kalten (Umluft-)Ofen schieben und bei 175 °C 45 Min. backen. Nach dem Backen in der Form abkühlen lassen, stürzen und auf einem Kuchengitter gut auskühlen lassen.

Wer mag, umhüllt den Kuchen noch mit Schokoladenguss – für uns als Kinder war das ungeheuer wichtig! Dafür Kakaobutter im Wasserbad oder auf ganz kleiner Hitze zerlassen, die restlichen Zutaten mit einem Schneebesen unterschlagen. Den Kuchen damit überziehen.

Tipp:
Originalrezept: 300 g gem. Haselnüsse, 250 g Mehl, 200 g Zucker, 1 P. Vanillezucker, 1 P. Backpulver, 1 Fläschchen Bittermandelaroma, 1/4 Liter Milch gut miteinander verrühren. Teig in eine gefettete, mit Paniermehl ausgestreute Form geben. Nach dem Backen in der Form abkühlen lassen, stürzen. 45 Min bei 180 °C backen. 1 Packung Kuvertüre flüssig werden lassen und den Kuchen damit bestreichen.

Für 1 Ringform von 18 cm Durchmesser oder eine kleine Guglhupfform:

Für den Kuchen:
300 g Haselnüsse
2 bittere Mandeln (oder 1 TL natürliches Bittermandelaroma, ein Kompromiss)
250 g Dinkel
200 g Honig
1/2 TL gem. Vanille
1 Päck. Weinstein-Backpulver
50 g Sonnenblumenöl
200 g Wasser
Kokosöl (oder Butter) für die Form

Für den Guss:
50 g Kakaobutter
2 EL Kakao
50 g Honig
1/2 TL gem. Vanille

Schoko-Orangen-Schnecken

(s. Foto S. 29)

Für 2 Bleche:

Für den Teig:
1 Würfel Bio-Hefe (42 g)
100 g Wasser
20 g Macadamianussmus
10 g Haselnussöl
220 g Wasser
500 g Weizen
40 g Honig
1 Msp. gem. Vanille
Streumehl

Für die Füllung:
200 g Haselnüsse
35 g Kakaopulver
1/2 TL gem. Vanille
45 g Sonnenblumenöl
150 g Honig
50 g Wasser
125 g Orangeat (s. S. 161)

Als Füllung eignet sich auch Marzipan, besonders schnell geht es mit fertig gekauftem Honigmarzipan. Ebenso können Sie fein geraffelte, mit etwas Honig gewürzte Äpfel nehmen. Wer es gar nicht süß mag, lässt den Honig aus dem Teig und füllt mit einer herzhaften Nuss-Öl-Füllung oder Kräutern. Der Grundteig eignet sich für viele Varianten!

Hefe in 100 g Wasser auflösen. Nussmus, Haselnussöl und 220 g Wasser im Mixer zu einer Milch schlagen. Weizen fein mahlen. Die Nussmilch in die Küchenmaschine geben, darauf die restlichen Teigzutaten und obenauf das Hefewasser geben. Gut durchkneten lassen. Es entsteht ein sehr weicher Teig. Den Teig in eine Schüssel umfüllen, nochmals kurz mit der Hand durchkneten und mit Plastik abgedeckt gehen lassen, bis er sich verdoppelt hat (ca. 45 Min.).
Für die Füllung die Haselnüsse mahlen und mit den anderen Zutaten – außer dem Orangeat – verrühren.
Den Teig mit bemehlter Hand kurz durchkneten, bis alle Luft entwichen ist. Auf einer glatten Unterlage mit Hilfe von reichlich Streumehl (immer wieder testen, ob er sich von der Unterlage abheben lässt) den Teig zu einem Rechteck von ca. 35 x 45 cm ausrollen. Mit der Nuss-Schoko-Füllung bestreichen. Dazu einen Spatel nehmen, der immer wieder in Wasser getaucht wird. Darauf achten, dass die Masse rechts und links bis an den Rand geht. Mit dem Orangeat bestreuen.
Dann den Teig von unten her vorsichtig aufrollen, mit einem scharfen Messer 2 cm breite Stücke abschneiden und mit einer Schnittfläche nach oben nebeneinander auf die mit Dauerbackfolie ausgelegten Backbleche legen. Mit Gärfolie oder einer Plastikhülle abdecken.
Nach 10 Min. Gehzeit den Ofen 20 Min. auf 250 °C (Umluft) vorheizen.
Die Bleche einschieben und die Schnecken bei 175 °C 25–30 Min. backen. Die Schnecken sollen auf keinen Fall dunkel werden!

Tipp:
Wer die Schnecken etwas glänzend haben möchte, verrührt 30 g Honig mit 10 g Öl und 50 g heißem Wasser und bepinselt das Gebäck zweimal: bevor es in den Ofen kommt und frisch aus dem Ofen.

Apfelquiche (s. Foto S. 184)

Für 1 Springform von 26 cm Durchmesser:

Für den Teig:
80 g Einkorn
70 g Kamut
50 g Sonnenblumenöl
3 EL Wasser
1 TL gem. getr. Orangenschale (s. S. 161)
1 Prise Salz

Für den Belag:
50 g Cashewnüsse
30 g Hirse
60 g Honig
40 g Wasser
400 g Äpfel
2 EL Zitronensaft
40 g Honig

Getreide mischen und in der Getreidemühle fein mahlen. Mit Öl, Wasser, Orangenschale und Salz gut mit der Hand verkneten.
Springform mit Backpapier überspannen, Teig in die Form geben und mit der Hand und einem kleinen Pizzaroller so auseinanderdrücken, dass sich ein kleiner Rand (ca. 1 cm) hochdrücken lässt. Form mit dem Teig in eine Plastiktüte geben und mindestens 2 Std. in den Kühlschrank stellen.
Cashewnüsse, Hirse, Honig und Wasser in einem kleinen Mixer zu einer Creme schlagen, auf dem Boden verstreichen. Äpfel vierteln, mit Zitronensaft und Honig – nicht zu fein – raffeln. Auf der Creme verteilen.
Auf dem Gitterrost in den kalten Ofen schieben. Bei 175 °C erst abgedeckt mit Dauerbackfolie 30 Min. und dann offen nochmals 15 Min. backen. Auf einem Kuchengitter auskühlen lassen. Dazu schmeckt flüssige oder geschlagene Sahne.

Gefüllter Halbmond (Cremekuchen)

Für den Teig:
50 g Mandeln
125 g Einkorn (oder Dinkel)
125 g Dinkel
1 Prise Salz
1 Päck. Weinstein-Backpulver
1 Msp. gem. Vanille
165 g Honig
80 g Öl
370 g Mineralwasser

Für die Creme:
225 g Macadamia- oder Cashewnussmus
180 g Honig
120–150 g Kokosöl

Mandeln z. B. in einem kleinen Mixer mahlen. Getreide mischen und sehr fein mahlen. Mit den anderen trockenen Zutaten vermischen. Jetzt den Ofen auf 175 °C (Umluft) stellen.
Honig hinzugeben. Öl und Mineralwasser in einem ausreichend großen Mixer kräftig durchschlagen. Achtung: Die Flüssigkeit nimmt an Volumen zu und dann kann ein Mixer sehr schnell überlaufen, das ergibt eine sehr ölige Küche! Diese Schaummasse zu den anderen Zutaten geben und alles mit dem Handrührgerät gut vermengen.
Den Boden einer Springform mit Backpapier überspannen, den Teig hineingeben, in den Ofen schieben und etwa 30 Min. backen. Der Teig bleibt sehr saftig.
Einmal längs durchschneiden, dass sich quasi zwei Halbmonde nebeneinander ergeben. Wenn der Rand höher steht, abschneiden. Die Cremezutaten mit einem Löffel verrühren. Einen Halbmond damit bestreichen, den zweiten darüber legen. Den Kuchen im Kühlschrank fest werden lassen. Den Rest der Creme am Rand und auf dem Kuchen verteilen.

Tipps:
Wenn man weniger Kokosöl nimmt, bleibt die Creme flüssig. Das ist sehr schmackhaft, optisch aber nicht unbedingt so schön zum „Vorzeigen“.
Vor dem Anschneiden gut durchkühlen.

Tortenboden mit Aprikosen (Biskuit ohne Ei)

Für 1 Springform von 26 cm Durchmesser:

Für den Teig:

50 g Mandeln
125 g Einkorn (oder Dinkel)
125 g Dinkel
1 Prise Salz
1 Päck. Weinstein-Backpulver
1 Msp. gem. Vanille
165 g Honig
80 g Öl
370 g Mineralwasser

Für den Belag:

50 g Mandeln
30 g Honig
30 g Wasser
360 g Aprikosen brutto (oder anderes festes Obst, das nicht schnell verfärbt)

Für den Tortenguss:

1 gestr. TL Agar-Agar
100 g Wasser
1 TL Honig (10 g)

Mandeln z. B. in einem kleinen Mixer mahlen. Getreide mischen und sehr fein mahlen. Mit den anderen trockenen Zutaten vermischen. Jetzt den Ofen auf 175 °C (Umluft) stellen.
Honig hinzugeben. Öl und Mineralwasser in einem ausreichend großen Mixer kräftig durchschlagen. Achtung: Die Flüssigkeit nimmt an Volumen zu und dann kann ein Mixer sehr schnell überlaufen, das ergibt eine sehr ölige Küche! Diese Schaummasse zu den anderen Zutaten geben und mit dem Handrührgerät alles gut vermengen.
Springformboden mit Backpapier überspannen, Ring schließen und den Teig hineingeben, in den Ofen schieben und etwa 30 Min. backen. Der Teig bleibt sehr saftig. (Wer den Teig füllen möchte, sollte zwei einzelne Böden in zwei Springformen oder nacheinander backen, das Durchschneiden könnte schwierig werden.)
Auskühlen lassen. Mandeln für den Belag fein mahlen, mit Honig und Wasser verrühren und auf dem Boden verteilen. Aprikosen entsteinen, in Spalten schneiden und kreisförmig in eine Richtung auf dem Belag verteilen.
Agar-Agar im Wasser verrühren, mit Honig kräftig aufkochen. Gleichmäßig über dem Obst verteilen und den Kuchen in den Kühlschrank stellen, das Gelee wird dann sehr schnell fest.

Käse-Schoko-Kuchen

Weizen fein mahlen, mit Salz und Backpulver vermischen. Dann die restlichen Teigzutaten hinzufügen (Kakao sieben) und mit der Hand gut verkneten. In Plastik oder Folie eingewickelt etwa 30 Min. in den Kühlschrank legen. Teig auf einer leicht bemehlten oder glatten Fläche (z. B. einer Plastikschneidmatte) ausrollen. Springformgroßen Kreis ausschneiden, den mit Backpapier ausgelegten Boden einer Springform darauflegen und mit Hilfe der Matte „stürzen". Risse zusammendrücken, mit Teigresten einen Rand hochdrücken. Für die Schokocreme Mandelmus mit Honig und Kakao (gesiebt) verrühren.
Für die Käsemasse die Sahne mit dem Handrührgerät steif schlagen, in den Kühlschrank stellen. Honig und Butter gut verquirlen, Orangenschale abraspeln, hinzugeben. Dann die Orange ohne Kerne in einem Mixer pürieren und zur Honigmasse geben. Reis fein mahlen, mit Vanille und Salz mischen, alles gründlich verrühren.
Die Creme fraiche mit einem Rührlöffel mit Loch, einem Rührblitz oder Schneebesen von Hand unterziehen, damit sie nicht flüssig wird. Zum Schluss die steife Sahne unterheben. Auf den Teig gießen und in den kalten Ofen schieben. (Lässt sich übrigens gut einen Tag vorher backen.)
Bei 150–160 °C (Umluft) 75 Min. backen. Ofen ausstellen und den Kuchen noch 5 Min. nachbacken lassen. Die Masse ist goldgelb und locker. Auf ein Kuchengitter geben, die Käsemasse vorsichtig mit einem Keramikmesser vom Springformrand lösen, damit der Kuchen oben beim Abkühlen nicht reißt. Wenn der Kuchen lauwarm ist, den Springformrand abnehmen. Vor dem Anschneiden völlig abkühlen lassen , die Masse wird dann schnittfest.

Für 1 Springform von 26 cm Durchmesser:

Für den Teig:
250 g Weizen
1 Msp. Salz
1 TL Weinstein-Backpulver
50 g Honig
15 g Kakaopulver
100 g Butter
3 EL kaltes Wasser

Für die Schokocreme:
100 g Mandelmus (gekauft oder s. S. 158)
100 g Honig
15 g Kakao

Für die Käsemasse:
125 g Sahne
180 g Honig
50 g weiche Butter
1 kleine Orange (130 g netto)
100 g Naturreis
1 Msp. Salz
1/4 TL gem. Vanille
875 g Creme fraiche

Konfekt & Plätzchen

Konfekt, Schokolade und Plätzchen sind auch dann schön, wenn Sie nicht so ganz große Freunde des Süßen sind. Denn sie lassen sich leichter einteilen als ein Riesenkuchen, der unvermeidlich zu der bangen Frage führt: „Wohin damit?" Die Schokolade (s. S. 130 Schokopralinen) ist eine Entwicklung von mir, die auch bei „Nicht-Vollwertlern" immer wieder viel Begeisterung hervorruft, weil sie so cremig ist. Damit können Sie auch punkten, wenn Sie sie hübsch verpackt als Mitbringsel präsentieren.

Am einfachsten herzustellen sind die Marzipankartoffeln. Die meisten Menschen stellen sich unter Marzipan etwas sehr Kompliziertes vor. Dabei kann ich es, einen kleinen Mixer oder eine Nussmühle vorausgesetzt, in wenigen Minuten selbst herstellen. Und wie immer ist hier das Vollwertangebot reichhaltiger als die konventionelle Ware: Marzipan besteht normalerweise immer aus Mandeln und Zucker oder Honig. Sie können jedoch mit mehr Zutaten spielen und variieren!

Optisch und geschmacklich überraschend ist ein Marzipan aus gemahlenen Kürbiskernen und Honig: grünes Marzipan ganz ohne Kunstfarbe!

Kokospralinen

50 g Kakaobutter
15 g Kokosöl (oder Butter)
40 g Mandelpaste
30 g Honig
60 g Kokosraspeln

Kakaobutter in einer kleinen Pfanne auf der niedrigsten Einstellung vorsichtig zerlassen.
Alle Zutaten bis auf die Kokosraspeln in den kleinen Becher eines kleinen Mixers geben und mit dem flachen Messer 1 Min. mixen. Dann die Kokosraspeln mit einem Löffel einrühren.
In Silikonpralinenförmchen gießen, im Kühlschrank fest werden lassen, aus der Form drücken und in einem fest verschließbaren Plastikbehälter im Kühlschrank aufbewahren.

Tipp:
Wer kein Kokosöl bekommt, nimmt mehr Kakaobutter (60 g) oder ersetzt es durch Butter.
Mandelpaste besteht aus sehr fein geriebenen Mandeln, die noch nicht die flüssige Konsistenz von Nussmus haben. Sie lässt sich durch ein Nussmus oder fein gemahlene Nüsse ersetzen.
Wer bei den Kokosraspeln auf Rohkostqualität achtet (gibt es normalerweise nur im Spezialversandhandel), erhält Rohkostpralinen. Frische geraspelte Kokosnuss ist natürlich noch besser!

Bananenleckerli

20 g Zitrone (geschält, ohne Kerne)
1 Banane (125 g netto)
1 Msp. gem. Vanille
70 g Kokosraspeln
einige Kakaonibs

Zitrone, Banane und Vanille in einem kleinen Mixer schlagen. Kokosraspeln unterrühren. Etwas quellen lassen, dann mit feuchten Händen kirschgroße Kugeln formen und in Papierförmchen setzen. In jedes Leckerli ein kleines Stück Kakaonib stecken.

Tipp:
Die Bananenleckeri sollten möglichst frisch serviert werden, da die Banane trotz der Zitronenzugabe oxidiert. Sonst muss man eine kleine Verfärbung in Kauf nehmen. Reste können gut eingefroren werden, ein sehr schöner Eiskonfekt!
Wer keine Kakaonibs hat, dekoriert mit kleinen Rosinen oder Korinthen.

Vanillekugeln (s. Foto S. 179)

125 g Butter
125 g Dinkel
125 g Einkorn (oder insgesamt 250 g Dinkel)
2 TL Weinstein-Backpulver
1 Prise Salz
1 guter TL gem. Vanille
125 g Honig

Info:
Dieses Rezept geht auf ein Zimtkugel-Rezept von Dijana, meiner Klavierlehrerin, zurück. Sie kommt aus Montenegro und hat von dort einige interessante tiereiweißfreie Rezepte ihrer Mutter mitgebracht, allerdings mit fertig gekauftem Mehl.

Butter 2–3 Std. vor der Teigzubereitung aus dem Kühlschrank nehmen. Getreide in der Getreidemühle fein mahlen. Mit Backpulver, Salz und Vanille mischen.
Butter und Honig mit dem Handrührgerät oder der Küchenmaschine gut durchrühren, dann in zwei bis drei Portionen die Mehlmischung hinzugeben und mit dem Gerät vermischen. Bei Zimmertemperatur mindestens 10–15 Min. stehen lassen.
Ein Backblech mit Dauerbackfolie belegen. Walnussgroße Teigstückchen zwischen den Händen zu Kugeln rollen und auf die Backbleche setzen. Für flachere „Tatzenformen“ kurz mit einer Gabel auf die Kugeln drücken (als Tatzen auf dem Foto zu sehen).
Die Plätzchen in den kalten Ofen schieben und bei 175 °C etwa 18 Min. backen, bis sie hellbraun sind. Es ist wichtig, dass sie nicht zu dunkel werden.

Shortbread (s. Foto)

300 g Dinkel
150 g Naturreis
1 gestr. TL Salz
50 g Mandeln
150 g Sonnenblumenöl
35 g Kokosöl
165 g Honig

Dinkel mit dem Naturreis fein mahlen. Salz untermischen. Mandeln mahlen und mit den restlichen Zutaten zum Mehl geben. Erst mit einem Löffel, dann mit der Hand verkneten. Der Teig ist sehr weich. Eine Kugel formen, Teigschüssel mit dem Teig in Plastik wickeln und mindestens 30 Min. im Kühlschrank ruhen lassen.
Auf einer Dauerbackfolie etwa 0,8–1 cm hoch ausrollen. Auf ein Backblech ziehen, mit dem Stipproller Löcher einbohren (oder eine Gabel dafür nehmen) und mit einem Messer vorsichtig in fingergroße Stücke schneiden. In den kalten Ofen schieben und bei 175 °C (Umluft) 20 Min. backen. Eventuell nach 15 Min. das Blech drehen, falls der Ofen ungleichmäßig backt. Das Shortbread sollte nicht zu dunkel werden!
Auf dem Blech sehr vorsichtig nochmals nachschneiden und ebenso vorsichtig auf ein Kuchengitter geben: Der Teig ist noch sehr brüchig! Auskühlen lassen und in einer gut schließenden Metalldose oder einem Glasbehälter mit gut schließendem Deckel aufbewahren.

Tipp:
Keramikmesser sind gut geeignet, um auf Dauerbackfolie zu schneiden, da sie diese nicht durchschneiden. Das Messer sollte aber schon etwas älter sein, ich habe auch schon von Lesern gehört, die sich damit die Backfolie durchgeschnitten haben.

Haferplätzchen Peanuts (s. Foto S. 192)

300 g Nackthafer
2 TL Weinstein-Backpulver
1 Zitronenscheibe (10 g, geschält und ohne Kerne)
10 g Wasser
50 g Sonnenblumenöl
100–140 g Honig
60 g Erdnüsse, geröstet und gesalzen
60 g grüne Rosinen

Diese Plätzchen sind sehr süß. Wer nicht so gerne ganz süß isst, nimmt nur 100 g Honig und ein wenig mehr Wasser. Zahlreiche Varianten dieser Plätzchen lassen sich durch Austausch der Erdnüsse durch andere Nüsse wie Walnüsse, Mandeln, Sonnenblumenkerne oder auch Leinsamen herstellen. Ohne Erdnüsse muss noch 1 Prise Salz in den Teig.

Hafer fein mahlen, mit dem Backpulver mischen. Zitronenscheibe vierteln, mit dem Wasser in einem kleinen Mixer pürieren. Mit Hafer, Öl und Honig mit dem Handrührgerät gut durchmischen.
Die Erdnüsse im Zerkleinerer grob hacken und mit den Rosinen in den Teig einarbeiten (Stufe 1 des Geräts).
Zwei Backbleche mit Dauerbackfolie oder Backpapier auslegen. Mit einem Teelöffel etwa walnussgroße Stücke abstechen, mit nassen bzw. feuchten Händen zu Kugeln formen und nebeneinander, nicht zu dicht auf die Bleche setzen. In den kalten Ofen schieben und bei 160 °C (Umluft) 20 Min. backen.

Tipp:
Wer die Plätzchen weniger „blass“ und etwas knackiger möchte, lässt die Bleche einfach noch 5 Min. im abgeschalteten Ofen nachbacken.

Marzipankartoffeln (s. Foto)

50 g Mandeln
1 TL Rosenwasser
1 Msp. Vanille
20 g Honig
1–2 TL Carob (Kakaopulver geht auch, ist aber bitterer)

Dies ist eines der einfachsten Süßigkeitenrezepte. Hier stelle ich die etwas raffiniertere Variante vor, in der Rosenwasser mit verarbeitet wird. Wenn Sie weißes Marzipan bevorzugen, legen Sie die Mandeln für 5–7 Min. in kochend heißes Wasser. Etwas abkühlen lassen, die Mandeln lassen sich dann leicht aus der Schale drücken. Wer kein Rosenwasser oder Carob hat – dem wird es auch so schmecken. Marzipan lässt sich auch mit allen Nüssen und Samen herstellen und schmeckt jedes Mal anders. Das Foto zeigt Marzipan in Kakao gerollt.

Mandeln fein mahlen. Mit Rosenwasser, Vanille und Honig gut verkneten. Kirschgroße Kugeln zwischen den Händen rollen.
Carob auf eine Untertasse sieben und die Kugeln darin rollen, dann in kleine Papierförmchen setzen. Im Kühlschrank in einer fest schließenden Plastikdose aufbewahren. Hält sich einige Wochen, nur verflüchtigt sich das Rosenwasseraroma relativ schnell.

Desserts

Jeden Tag ein Nachtisch? Das fand ich immer schon langweilig, auch vor meiner Hinwendung zur Vollwertkost. Nach einem leckeren vitalstoffreichen Essen habe ich meist das Gefühl, es wäre schade, da noch irgendetwas „hinterherzuschieben“. Doch auch hier kann die Ausnahme die besondere Freude machen.

Ein einfacher Obstsalat ist immer gerne gesehen. Der Trick dabei ist, durch eine etwas ausgefallenere Soße das Auge und die Geschmacksnerven zu „kitzeln“ – da fällt dann manchmal gar nicht auf, dass Sie wenige, schlichte Obstsorten verwendet haben.

Die vorhergehenden Kapitel Konfekt (Schokolade) und süße Rohkost bieten ebenfalls noch zahlreiche weitere Möglichkeiten, wie Sie ein Essen süß abschließen können.

Zitronengötterspeise

1 Zitrone (180 g netto) und 2–3 cm von der Schale
100 g Wasser
50 g Honig
1 TL Agar-Agar
100 g Wasser
150 g Wasser

Von der Zitrone dünn 2-3 Zentimeter Schale abschneiden, dann richtig schälen, so wie eine Orange. Etwa 1-2 Quadratzentimeter der Schale mit dem Zitronenfruchtfleisch (entkernt), 100 g Wasser und Honig in einem kleinen Mixer gut vermischen.
Agar Agar in 100 g Wasser verrühren, 1-2 Min. gut durchkochen, dann vom Herd nehmen. 150 g kaltes Wasser und die Zitronenmischung unterziehen. In Glasschälchen geben und im Kühlschrank fest werden lassen.

Tipp:
Fester wird die Masse, wenn man den Honig mitkocht, aber dann gehen die Inhaltsstoffe teilweise verloren. Im Kühlschrank wird die Masse innerhalb 1 Std. fest. Sie können die Götterspeise auch mit Sahne oder Macadamianussmus servieren.

Obstparfait und Obstsoße

ca. 900 g frische geputzte Früchte (hier: Erdbeeren, Brombeeren, Mango, Feigen)
125 g Honig oder 3 Bananen (ersatzweise 125 g entsteinte Datteln für Veganer)
1/2 Zitrone (geschält, ohne Kerne)

Dieses Rezept entstand aus der Not: Ich hatte mich vor Pfingsten mit diversen Beeren und anderem schönen Obst – wie ich dachte – eingedeckt. Als ich dann einen Obstsalat herstellen wollte, stellte ich fest, dass die Früchte ohne Aroma und teilweise nicht mehr sehr schön waren. Was tun? Nun, alles mixen, mit Zitrone und Honig abschmecken, ergibt sicher eine schöne Soße für Milchreis etc. Wie aber aufbewahren? Einfrieren, war die logische Antwort. 2 Std. nach dem Einfrieren habe ich eine Portion probiert – es ist so schmackhaft, dass es auch für sich als Rezept Bestand hat!

Früchte, Honig und Zitrone in einem starken Mixer gründlich vermischen. 12 Silikonmuffinformen mit je 3 EL der Masse füllen. Auf Frühstücksbrettchen stellen und einfrieren. Sobald sie gefroren sind, in Plastikbeutel umfüllen und gut verschließen.
Wenn es als Parfait gegessen werden soll, 15 Min. vor dem Essen aus dem Tiefkühlschrank nehmen. Etwas frische Sahne passt hervorragend dazu, oder auch Cashewnussmus für Veganer.

Austauschtabelle

Agar-Agar
Geliermittel aus Rotalgen; muss mit etwas Flüssigkeit aufgekocht werden. Vegetarischer Ersatz für Gelatine.
Ersatz: Johannisbrotkernmehl

Apfelessig (Bio)
Gesündester Essig, der in der naturnahen Ernährung durchgehend eingesetzt wird. Bei anderen Essigsorten müssen Sie darauf achten, dass sie kalt und ohne Zusätze hergestellt werden.
Ersatz: Zitronensaft

Äpfel, getrocknet
Können einfach selbst hergestellt werden.
Ersatz: getrocknete Birnen, frische Äpfel

Aprikosenkernöl
Ersatz: Ein anderes Nussöl oder Sonnenblumenöl

Austernpilze
Schmackhafte Pilze, die in der Regel auf Substrat gezogen werden.
Ersatz: Champignons

Balsamicoessig
Balsamicoessig wird normalerweise immer mit einer Sorte Industriezucker hergestellt. Es gibt nur wenige Sorten, die in der Vollwerternährung akzeptabel sind.
Ersatz: Apfelessig

Bärlauch
Knoblauchähnlicher Geschmack, ohne dessen Nachwirkung. Erntezeit März/April, darf nicht mit (giftigen) Maiglöckchenblättern verwechselt werden.
Ersatz: Petersilie, Schnittlauch und ggf. ein bisschen Knoblauch

Batate = Süßkartoffel (s. dort)

Beinwell
Wildkraut, das in größeren Mengen giftige Wirkungen haben kann.
Ersatz: Petersilie, Schnittlauch

Beinwellöl
Herstellung s. S. 152
Ersatz: Öl mit einem anderen Kraut/Petersilie

Bird Eye Chilis
Kleine grüne Chilis
Ersatz: rote Chilis oder weglassen

Bittermandeln
In größeren Mengen giftig. Eine oder zwei Mandeln geben Marzipan oder Nusskuchen ein besonders typisches Nussaroma.
Ersatz: Bittere Aprikosenkerne oder weglassen

Blütenhonig
Ersatz: jede andere Honigsorte

Bockshornkleesamen
Gewürz mit einem besonders typischen, etwas strengen Geschmack.
Ersatz: Schabzigerklee oder weglassen

Brotgewürz
Gibt es fertig zu kaufen als Mischungen; typische Bestandteile solcher Mischungen sind Anis, Koriander, Fenchel und Kümmel, geschrotet oder gemahlen.
Ersatz: Einzelgewürze oder weglassen

Buchweizen
Scheingetreide ohne Kleber; d.h. alleine nicht gut backfähig
Ersatz: Quinoa, Amaranth, Gerste, Hirse

Butter
Ersatz: Wer Butter meiden möchte, nimmt ein kalt gepresstes natives Pflanzenöl, jedoch etwa ein Drittel weniger.

Carob
Kakaoähnliches Pulver, das süßer ist als Kakao, kein Koffein enthält und damit keine stimulierenden Wirkungen hat.
Ersatz: Kakao mit etwas Honig

Carobschoten
Bohnenähnliche Schoten, 10–15 cm lang, die meist getrocknet im Handel sind. Daraus wird das Carobpulver gewonnen.
Ersatz: Weglassen oder Pulver

Cashewnussbruch
Billiger als ganze Cashewnüsse; meiner Erfahrung nach sogar schmackhafter als ganze Kerne.
Ersatz: ganze Cashewnüsse; andere Nüsse (wenn die helle Farbe wichtig ist: Macadamia)

Cashewnüsse
Cashewnüsse sind keine Nüsse im herkömmlichen Sinne. Um sie aus der Pflanze zu gewinnen und die Haut zu entfernen, werden sie in der Regel erhitzt. Mit ihrem süßlichen Geschmack

eignen sie sich zum Binden süßer Nachspeisen oder Dressings.
Ersatz: Macadamianüsse

Cashewnussmus
Ersatz: fein bis flüssig gemahlene Cashewnüsse; Herstellung s. Mandelmus

Cashewnusssahne
Sahneersatz für Menschen, die Tierprodukte gänzlich meiden möchten oder sollten. Herstellung s. S. 172
Ersatz: Sahne, andere Nusssahne

Cayennepfeffer oder Chilipulver
Beide werden aus getrockneten Chilis hergestellt und geben schon in kleinsten Mengen Speisen einen scharfen Geschmack.
Ersatz: frische Chilis oder Peperoni oder weglassen

Crème fraîche
Ein fettreiches Milchprodukt, das wegen seines geringen Tiereiweißgehalts auch für Allergiker zulässig ist.
Ersatz: Schmand oder eine Nussremoulade

Cumin
Auch als Kreuzkümmel bekannt. Typisch orientalisches Gewürz.
Ersatz: Weglassen

Curry
Indische Gewürzmischung; Herstellung s. S. 168. Es gibt unzählige Curryrezepte, die wenig mit dem gemeinsam haben, was wir im normalen Supermarkt als Curry angeboten bekommen. Die eigene Herstellung ist einfach.
Ersatz: gemahlener Cumin (Kreuzkümmel) oder weglassen

Datteln
Getrocknet in der naturnahen Ernährung als Süßungsmittel verwendet. Sollte dann vorher in etwas Wasser eingeweicht werden.
Ersatz: getrocknete Feigen, getrocknete Aprikosen

Delisweet
Gewürzmischung für Süßspeisen; Herstellung s. S. 169
Ersatz: Zimt

Dinkel
Kleberreiches Getreide.
Ersatz: Weizen, Einkorn

Einkorn
Einkorn (Triticum monococcum) ist eine der ältesten domestizierten Getreidearten.
Im Gebrauch ist Einkorn weich wie Hafer, lässt sich also auch gut flocken. Ist beim Backen heller als Dinkel.

Emmer
Besonders kleberreiches Getreide, das sich daher besonders für die Herstellung von Nudeln usw. eignet.
Ersatz: Hartweizen, Kamut

Erdnussöl
Eines der wenigen zum Braten/Anbraten geeigneten Öle in der naturnahen Ernährung
Ersatz: Kokosöl, Butter

Feigen s. Datteln

Fenchelsamen
Bestandteil von Gewürzmischungen, z. B. Brotgewürz
Ersatz: Teebeutel aufschneiden oder weglassen

Gemüsebrühextrakt
Selbst hergestellte Mischung, die statt industriell hergestellter Gemüsebrühe oder Gemüsebrühwürfel verwendet wird; Rezept s. S. 173
Ersatz: frische Kräuter, Kräuterwürze (s. dort) oder weglassen

Gemüsemelde
Wildkraut; wieder im Kommen
Ersatz: Spinat, Mangold

Gerste
Gibt es als Nacktgerste, nur die kommt für die gesunde Ernährung infrage, weil sie noch keimfähig ist. Wegen ihres geringen Kleberanteils können Gebäcke außer flachen Fladen nicht ausschließlich mit Gerste herstellt werden.
Ersatz: Quinoa, Amaranth, Gerste, Hirse

Giersch (oder ein anderes Kraut)
Wildkraut
Ersatz: andere Kräuter

Grüne Rosinen
Rosinen, die nicht geölt sind , etwas süßer als normale Rosinen
Ersatz: Braune Rosinen, Sultaninen, Weinbeeren

Grünkern
Grün gedarrter (junger) Dinkel; daher nicht mehr keimfähig. Wird gerne in Bratlingen verwendet.
Ersatz: für den Geschmack Haselnüsse, für die Getreideeigenschaft Dinkel

Habaneros
Sehr scharfe chiliartige Frucht
Ersatz: Chilis

Hagelsalz
Grobkörniges Salz, das auf Laugengebäck und Fladen gestreut wird.
Ersatz: Kümmel oder weglassen

Hanfkörner
Samen der Hanfpflanze. Geben ungemahlen Konfekten und Müslis einen schönen „Knackeffekt“.
Ersatz (für den knackigen Biss): Buchweizen

Haselnussöl
Ersatz: ein anderes Nussöl

Haselnuss-Schoko-Creme
Ersatz: Gemahlene Haselnüsse mit Kakao und Öl vermischt

Hirse
Kleber- und glutenfreies Getreide.
Ersatz: Quinoa, Amaranth, Gerste

Honig
Legitimes, da völlig naturbelassenes Süßungsmittel. Ist allerdings für die Zähne genauso schädlich wie Zucker. In der gesunden Küche gibt es keinen Ersatz, allenfalls können Sie noch eingeweichte Trockenfrüchte verwenden. Veganern kann ich dann als äußersten Kompromiss noch den rohen Agavendicksaft empfehlen.

Ingwer
Wurzel, die in der indischen Küche für einen fein-scharfen Geschmack verwendet wird. Gibt es mittlerweile fast in jedem Supermarkt frisch zu kaufen. Ich verwende ihn stets ungeschält.
Ersatz: weglassen

Jumbobohnen
Besonders große weiße Bohnen
Ersatz: weiße Bohnen

Kakaobohnen
Frucht, aus der Kakaopulver durch Mahlen gewonnen wird. Gibt es im Handel (fermentiert) geschält und ungeschält
Ersatz: Kakaonibs; für Getränke auch Kakaopulver

Kakaobutter
In Rohkostqualität auch für die gesunde Ernährung zur Zubereitung von Schokolade erlaubt.
Ersatz: Gibt es nicht in gleicher Qualität; Butter wird nicht fest genug, Kakaoöl bleibt nur im Kühlschrank fest und hat einen stärkeren Eigengeschmack

Kakaonibs
Bruchstücke von Kakaobohnen.
Ersatz: Kakaobohnen geschält

Kamut
Besonders kleberreiches Getreide. Benötigt in Gebäcken weniger Wasser! Eigenschaften ähnlich wie Emmer (s. dort). Ein reines Kamutgebäck ist relativ hell und gelblich.
Ersatz: Hartweizen, Emmer

Kardamom
Gewürz, das typischerweise in weihnachtlichen Süßspeisen verwendet wird. In der indischen Küche finden wir es auch in herzhaften Speisen.
Ersatz: weglassen

Keime
Besonders wertvolle Form von Getreiden und Hülsenfrüchte. Können Sie einfach selbst herstellen (s. S. 162).

Kichererbsen
Erbsenvariante, die aus der asiatisch/afrikanischen Küche kommt. Typische Gerichte sind Falafel und Humus. Kochen etwas kürzer als getrocknete grüne Erbsen
Ersatz: getrocknete grüne Erbsen

Knoblauch
Ersatz: Bärlauch oder weglassen

Kochcreme
Herstellung s. S. 172
Ersatz: Sahne

Kokosmus
Fein gemahlene Kokosnüsse.
Ersatz: Kokosöl; Kokosraspeln

Kokosöl
In nativer kalt gepresster Variante zum Anbraten geeignet
Ersatz: Erdnussöl zum Backen, Butter in Süßspeisen

Kokosraspel
Getrocknete, fein geraspelte Kokosnüsse
Ersatz: Kokoschips

Kokosstreifen
In feine Streifen und getrocknete Kokosnüsse; gibt es häufig in Rohkostqualität
Ersatz: Kokosraspeln, Kokoschips

Koriandersamen
Gewürzsamen, typisch für Brotgewürze
Ersatz: Piment

Kräutersalz
Mischung aus Salz und getrockneten, gemahlenen Kräuter. Können Sie einfach selbst herstellen: s. S. 149

Ersatz: ungewürztes Meersalz

Kräuterseitling
Sehr delikater Zuchtpilz
Ersatz: Austernpilze

Kräuterwürze
Mit Salz, Nüssen und Öl konzentrierte Kräutermischung, Rezept s. S. 173
Ersatz: Gemüsebrühextrakt

Kreuzkümmel: s. Cumin

Kümmelsamen
Bestandteil vieler Brotgewürze; wird traditionell mit Kohl gekocht, um das Gemüse leichter verdaulich zu machen
Ersatz: weglassen

Kürbiskerne
Ersatz: Sonnenblumenkerne

Kurkuma
Gewürz aus der indischen Küche, das häufig auch zur Gelbfärbung von Speisen verwendet wird.
Ersatz: Safran

Lebkuchengewürz
Mischung typisch weihnachtlicher Gewürze, Rezept s. S. 169
Ersatz: Zimt

Leinsamen
Wird gerne ei-freien Teigen zugegeben, wenn die Bindefähigkeit von Eiern wichtig ist.
Ersatz: In Broten/Gebäck: Sesam; als Bindemittel: kein gleichwertiger Ersatz

Leinsamen, goldener
Ersatz: Leinsamen, braun

Liebstöckel
Das sogenannte „Maggikraut"
Ersatz: Petersilie oder weglassen

Limette
Kleine grüne Zitrusfrüchte, deren Saft ähnlich wie der von Zitronen verwendet werden kann
Ersatz: Zitrone

Limettensaft
Saft der Limetten, s. dort
Ersatz: Zitronensaft

Linsen, gelbe
Geschälte Linsen. Wie die meisten geschälten Lebensmittel sind sie weniger wertvoll für unsere Ernährung. Eignen sich für die schnelle Küche.
Ersatz: rote Linsen; andere Linsensorten (die allerdings länger kochen)

Lorbeerblatt
Würzmittel, das nach dem Kochen aus dem Essen entfernt wird. Traditionell wichtig in der Sauerkrautherstellung.
Ersatz: weglassen

Löwenzahn
Wildkraut, das – da leicht erkennenbar – immer stärker Eingang in die Küche findet. Leicht bitterer Geschmack. Die gelben Blüten sind ebenfalls genießbar.
Ersatz: beliebige Kräuter

Macadamianüsse
Fettreiche Nuss, die erst seit relativ kurzer Zeit in Europa bekannt ist
Ersatz: Andere Nüsse

Macadamianussmayonnaise
Herstellung s. S. 171
Ersatz: eine andere Nussmayonnaise

Macadamianussöl
Ersatz: ein anderes Nussöl

Macapulver
Ein Kreuzblütengewächs ursprünglich aus den peruanischen Anden, dessen Wurzeln getrocknet und gemahlen in den letzten Jahren in der Rohkost populär geworden sind. Maca wird auch Einfluss auf Konzentrations- und Liebesfähigkeit nachgesagt.
Ersatz: Carob oder weglassen

Mandelmus
Herstellung s. S. 158
Ersatz: jedes andere Nussmus

Mandelpaste
Sehr fein geriebene Mandeln, die allerdings noch keine flüssige Konsistenz wie Nussmus haben. Herstellung s. Nusspaste S. 160
Ersatz: eine andere Nusspaste

Mangold
Der Mangold ergibt mit seinen langgestielten, bis 30 cm langen Blättern ein spinatartiges Gemüse.
Ersatz: Spinat

Mungbohnen (auch: Mungobohnen)
Hülsenfrüchte, deren Sprossen auch als „Sojabohnensprossen" bekannt sind. Lassen sich auch kochen.
Ersatz: andere Hülsenfrüchte

Nacktgerste
Keimfähige Form der Gerste (s. dort)
Ersatz: anderes Getreide

Nackthafer
Keimfähige Form des Hafers. Sehr kleberarmes, quellfähiges Getreide
Ersatz: Gerste

Naturreis
Ungeschälter Reis. Benötigt eine deutlich längere Kochzeit als geschälter Reis oder Parboiled Reis. Gibt es auch als Basmati-, Duft- oder Jasminreis.
Ersatz: Hirse

Nussparmesan
Herstellung s. S. 174
Ersatz: Sonnenblumenkerne

Nusspaste
Herstellung s. S. 160
Ersatz: Nussmus

Olivenöl
Ersatz: ein anderes kalt gepresstes Öl

Orangeat
Orangeat wird durch das Kandieren der von der weißen Haut befreiten Schalen von Bitterorangen gewonnen. Herstellung mit Orangenschale s. S. 161
Ersatz: Zitronat; geriebene Schale und etwas Honig

Orangenblüten
Getrocknet für Tees und Würzmischungen geeignet
Ersatz: andere Blüten

Orangenblütenhonig
Ersatz: anderer Honig

Oregano-Öl
Herstellung s. S. 151
Ersatz: Sonnenblumen- oder Olivenöl

Paprikaflocken
Getrocknete, zerkleinerte Paprikaschoten.
Ersatz: frische rote Paprika oder gemahlener Paprika edelsüß

Pastinake
Wurzelpflanze
Ersatz: Möhre, Petersilienwurzel

Petersilienwurzel (Wurzelpetersilie)
Die Petersilienwurzel ist weiß mit brauner quer verlaufender Ringelung und weißem Fleisch. Sie ähnelt stark der Wurzel der Pastinake, ist jedoch im Schnitt ein kleines bisschen dünner.
Ersatz: Pastinake

Pfeffer, getrockneter grüner
Ersatz: schwarze Pfefferkörner

Pfefferminze, getrocknet
Ersatz: frische Pfefferminze, Teebeutel

Pfifferlinge
Ersatz: andere Pilze

Pflanzenmilch
Herstellung s. S. 170
Ersatz: Sahne-Wasser-Gemisch im Verhältnis 1:2

Piment
Gewürz, häufig in Brotgewürzmischungen verwendet
Ersatz: Koriander

Pizzagewürz
Gewürzmischung, die Sie fertig kaufen können.
Ersatz: getrockneter Oregano

Red Pepper (Chilis)
Ersatz: grüne Chilischotenr

Roggen
Nicht sehr kleberreiches Getreide, das mit Hefe schlecht geht. Wird deshalb mit Sauerteig verbacken.
Ersatz: Triticale

Rosenwasser
Rosenöl in Wasser, erhältlich in Asialäden, Apotheken, Reformhäusern. Wichtig in der Marzipanherstellung
Ersatz: weglassen

Rotkornweizen
Alte Weizenform, die mittlerweile wieder in Deutschland angebaut wird.
Ersatz: Weizen, Dinkel

Rübstiel
Als Rübstiel werden häufig Stiele und Blätter von Speiserüben- oder Kohlpflanzen angeboten. Es gibt aber auch eine eigenständige Sorte mit stark gefiederten Blättern.
Ersatz: Mangold

Sahne
Gilt wie Butter in der Brukerschen Ernährung als besonders gesundes, tiereiweißarmes Fett.
Ersatz: Nusssahne

Sauerampfer
Säuerlich schmeckendes Wildkraut
Ersatz: frischer Spinat

Sauerrahm/Saure Sahne
Ersatz: Nusscreme „Sauerrahm", s. S. 172

Schabzigerklee
Gewürz, das Speisen einen käseartigen Geschmack verleiht
Ersatz: Bockshornkleesaat oder weglassen

Scharfes Pesto
Ersatz: ein anderes Pesto

Schmand: s. Crème fraîche

Schwarze Johannisbeeren
Obst mit besonders hohem Vitamin-C-Gehalt
Ersatz: Rosinen

Schwarzkümmel
Nicht mit dem deutschen Kümmel verwandtes Gewürz, das Fladen den besonders orientalischen Geruch und Geschmack verleiht
Ersatz: weglassen

Sechskorngetreide
Eine Mischung aus verschiedenen Getreiden z. B. Weizen, Roggen, Gerste, Hirse, Dinkel und Hafer
Ersatz: ein Einzelgetreide

Seitling (Pilz): s. Kräuterseitling

Senf
Herstellung: s. S. 174
Ersatz: weglassen oder etwas Meerrettich/gemahlene Senfkörner

Sesam
Ersatz: Leinsamen

Sesamöl
Ersatz: anderes hochwertiges Nussöl

Sonnenblumenkerne
Ersatz: Leinsamen, Sesam

Sonnenblumenkernpaste
Herstellung s. S. 160
Ersatz: fein gemahlene Sonnenblumenkerne; andere Nusspaste; Nussmus

Sonnenblumenkernsahne
Ersatz: andere Nusssahne; Sahne

Sonnenblumenkernsprossen
Herstellung s. S. 162
Ersatz: andere Keime oder Sprossen

Standardsalatsoße
Herstellung s. S. 167
Ersatz: jedes beliebige Salatdressing

Steinpilze, getrocknet
Häufig angebotener, aber relativ teurer Pilz. Da getrocknete Pilze ein stärkeres Aroma haben als frische, können sie schon in kleiner Menge einen würzigen Geschmack verleihen.
Ersatz: andere getrocknete Pilze oder Waldpilzmischungen; frische Pilze

Süßkartoffel
Auch: Batate; Verwendung wie Kartoffeln, ist im Geschmack etwas süßlicher und kann auch roh gegessen werden
Ersatz in gekochten Speisen: Kartoffeln; roh: Topinambur oder Pastinake

Tomate, getrocknet
Eignet sich außerhalb der Tomatensaison zur Zubereitung von Cremes etc. mit Tomatengeschmack
Ersatz: frische Tomaten

Tomatenmark
Konzentrat von Tomaten; daher als Konserve ernährungsmäßig nicht zu empfehlen, in kleinen Mengen aber außerhalb der Tomatensaison „erlaubt“
Ersatz: frische Tomaten

Vanille gemahlen/Vanillepulver/Vanillestangen
Ersatz: weglassen

Wacholderbeeren
Typische Beigabe zu Sauerkraut
Ersatz: getrocknete schwarze Johannisbeeren (die dann z. B. im Sauerkraut mitverzehrt werden können) oder weglassen

Waldhonig
Ersatz: eine andere Honigsorte mit kräftigem Eigengeschmack

Walnussöl
Ersatz: ein anderes hochwertiges Nussöl

Weinstein-Backpulver
Herkömmliches Backpulver ist wegen der Inhaltsstoffe abzulehnen.
Ersatz: Backen mit Hefe

Weizen
Kleberreiches Standardgetreide
Ersatz: Dinkel, Einkorn

Zitronat s. Orangeat

Zitronenöl
Herstellung s. S. 151
Ersatz: Öl und etwas geriebene Zitronenschale

Zuckerschoten
Erbsenart
Ersatz: Grüne Bohnen (die jedoch wie alle Bohnen nicht roh gegessen werden dürfen)

Register

Nach Kategorie

Nach Alphabet

Anhang

Bezugsquellen

Alle (Rohkost-)Zutaten für Schokolade, also Kakaonibs, Kakaobutter, Siliconformen usw. und mehr bestelle ich bei: http://www.prohviant.de

Nüsse, Samen und Trockenfrüchte:
http://www.birlin-muehle.de
http://www.bioinsel-shop.de

Keimfähiges Getreide:
http://www.birlin-muehle.de
http://granat-rotkorn.de/
(u.a. Rotkornweizen und Triticale)
http://www.biolandhof-knauf.de/
(keimfähiger Nackthafer)

Öle:
http://www.oelmuehle-ditzingen.de/
http://www.oelmuehle-solling.de/
(kaltgepresstes Macadamianussöl)

Zitrusfrüchte, Avocados und mehr:
http://www.quinta-shopping.eu/

Literatur

Titel zum Thema nachhaltiges Leben:

Becker, Waltraud. Lust ohne Reue, 3. Aufl. 1999; ISBN 978-3891890684
Bircher, Ralph, Gesünder durch weniger Eiweiß: Tatsachen zur Eiweißfrage, 2. Aufl. 1987,
Bircher-Benner, Max, Vom Werden des neuen Arztes: Erkenntnisse und Bekenntnisse, 4. Aufl. 1963
Bruker, Max Otto. Unsere Nahrung, Unser Schicksal, 38. Aufl. 1999
Campbell, T. Colin, und **Campell**, Thomas M.: The China Study: Startling Implications for Diet, Weight Loss and Long-Term Health, 2006 (Deutsche Fassung: Die „China Study" und ihre verblüffenden Konsequenzen für die Lebensführung, 2010)
Kollath, Werner. Die Ordnung unserer Nahrung. 17. Aufl. 2005
Kotteder, Franz. Die Billig-Lüge: Die Tricks und Machenschaften der Discounter. 2007

Weitere Titel der Autorin, u.a.:
Gemüse in aller Munde: Mehr als 290 vegetarisch-vollwertige Köstlichkeiten. Books on Demand 1. Auflage 2009
Schokolade. Pralinenträume: Für Rohkost. Vollwert. Für Alle. Books on Demand 1. Auflage 2010
Rohkost statt Fasten Teil 2: Rezepte für ein Rohkostjahr. Books on Demand 1. Auflage 2011

Kontakt zur Autorin

Neben meiner Homepage http://www.vollwertkochbuch.de mit mehr als 4500 Rezepten führe ich noch einen allgemeinen Blog http://vollwert.wordpress.com und auf dem Blog http://vollwertkost.wordpress.com können Sie mit Kurzanleitung lesen, was ich jeden Tag esse.
Wenn Sie Fragen haben, beantworte ich diese gerne am Telefon. Ich habe dafür eine Telefonstunde eingerichtet, normalerweise Dienstag von 18.30 bis 19.30 Uhr.
Telefonnummer und eventuell geänderte Zeiten finden Sie über die Homepage
http://www.vollwertkochbuch.de/tel.htm.

Bildnachweis

Fotolia
S. 17, 19, 21 oben, 21 unten, 25, 27 oben, 27 unten, 61, 120, 121, 139, 142, 147 unten, 149, 150, 155, 157

Dorothee Gödert
U4, S. 47, 50, 53, 54, 56, 59, 66, 67, 70, 73, 77, 83, 84, 91, 92, 97, 101, 116, 118, 119, 123, 127, 131, 148, 151, 152, 153, 159, 161 unten, 170, 179, 183, 189, 193, 195, 196

iStockphoto
S. 23 oben, 98

Bildagentur Look
S. 109

Christine Paxmann
S. 23 unten

Stockfood
U1, S. 7, 11, 13, 15, 31, 63, 74, 87, 90, 94, 104, 111, 141, 146, 162, 163, 167, 180

Ute-Marion Wilkesmann
S. 9, 29, 33, 34, 35, 36, 37, 38, 39, 40, 41, 42, 43, 44, 45, 46, 48, 49, 51, 52, 55, 58, 64, 68, 72, 75, 76, 78, 79, 80, 81, 85, 89, 99, 102, 107, 112, 113, 114, 115, 117, 122 oben, 122 unten, 124, 125, 128, 129, 130, 130, 133, 134, 136, 137, 145, 147 oben, 158, 161 oben, 164, 165, 166, 168, 169, 173, 175, 177, 184, 185, 188, 190

Das Rezept zum Titelfoto finden Sie auf S. 95.
Bilder zu Rezepten, die hier nicht illustriert sind, finden Sie unter: http://www.vollwertkochbuch.de/iov.htm

ISBN 978-3-86362-004-2

Lektorat: Kathrin Gritschneder
Grundlayout und Satz: Christine Paxmann text • konzept • grafik, München

Printed in Italy 2012

Verlagswebsite: www.d-hverlag.de

FSC
www.fsc.org
MIX
Papier aus verantwortungsvollen Quellen
FSC® C015829